특허,
나의 취업 필살기

저자 김기환·구정민

**이력서 400장의 경험으로 축적된 서류통과에서
최종합격까지의 노하우 대방출!!**

 (주)휴먼컬처아리랑

특허, 나의 취업 필살기

2019년 03월 01일 1판 1쇄 인쇄
2019년 03월 01일 1판 1쇄 인쇄

지은이	김기환 · 구정민
발행인	이헌숙
편 집	휴먼컬처아리랑 편집팀
감 수	김건아
표 지	메이크일미리

발행처	생각쉼표 & (주)휴먼컬처아리랑
출판 등록	제 2009-000008호
등록 일자	2009년 12월 29일
등록 번호	132-82-1-87282
주 소	경기도 양평군 옥천면 용천보 37
	• 문의 : 070) 8886-2220 • 팩스 : 02) 784-4111
E-mail	thethinkbook@naver.com
Homepage	www.휴먼컬처아리랑.kr
ISBN	979-11-5967-931-5

- 이 책은 생각쉼표 & (주)휴먼컬처아리랑과 저작권자의 계약에 의해 출판된 것이므로, 무단 전재 및 유포, 공유, 복제를 금합니다.
- 이 책 내용의 전부 또는 일부를 이용하려면 반드시 저작 자와 생각쉼표 & (주)휴먼컬처아리랑서면 동의를 받아야 합니다.
- 표지 디자인의 저작권은 메이크일미리에 있으며 무단으로 전재하거나 복제, 배포할 수 없습니다.
- 잘못 만들어진 책은 판매처에서 교환해 드립니다.

특히, 나의 취업 필살기

저자 프로필

김 기 환

현) LG전자 해외영업직군에서 선임(과장)으로 재직 중이다.

고려대학교 산업공학 석사 졸업 이후 전문연구요원으로 현)삼성메디슨에서 초음파 의료기기개발 업무로 병역특례를 받았다. 병역특례 이후, 다양한 대기업 및 외국계기업의 해외영업, 마케팅, 상품기획, SCM, 전략기획 등의 직군에서 최종합격하였다.

현재는 LG전자 317기 공채로 입사하여 가전본부 신입교육과정 최우수팀상을 수상, SCM 직군을 거쳐 해외영업직군에서 업무를 수행중이다.

'인쇄매체 정리기', '조립식 작물 하우스' 등 특허출원 9건과 4건의 등록을 하였다.

- Instagram : davidk.7
- Blog : kimkihwan.com

구 정 민

현) 대우조선해양 중앙연구소에 책임연구원으로 재직 중이다.
고려대학교 산업공학 석사 졸업 이후 금융, ICT, 자동차, 기계,
전자, 식품, 항공우주 등 다양한 분야의 기업 및 정부기관에서 채용
전형의 최종단계까지 경험하였다.
현재 대우조선해양에 입사 후 특허의 출원과 등록을 관리하는
지식재산관리 업무를 시작하여 현재는 R&D 부서에서 업무를 수행 중이다.
35건 이상의 특허를 출원하였고 40여건의 특허 라이선스 계약을
체결하였다.

- Instagram : idea_maker.nine

두 사람은 대학원 석사과정 중 아이디어 / 공모전 동아리를 함께 운영하였고 그 과정을 통해 다수의 특허출원과 공모전 입상을 하였다. 최근에도 두 사람은 지속적으로 특허출원 활동을 하고 있다. 또한 이를 활용한 그룹 취업스터디 운영과 취업 차별화 전략에 대한 강연 활동을 하고 있다.

CONTENTS

작가의 말　　　　　　　　　　　　　　　　　　008

추천사　　　　　　　　　　　　　　　　　　　012

프롤로그
나도 한때는 이력서만 내면 광탈했었다　　　　019

제1장
나도 자기소개만 쓰면 되는 줄알았다　　　　　033

제2장
나의 차별화 포인트는 무엇일까?　　　　　　　075

제3장
나는 특허로 이렇게 취업했다　　　　　　　　　104

제4장
저자의 취업 필살기 전수 '특허 쉽게 내기'　　　138

제5장
너도 이제는 스페셜리스트 '발명가'　　　　　　164

제6장
너의 역량을 대변하는 수단 '특허'　　　　　　　201

부록
1. 저자의 특별한 아이디어 도출 방법 소개　　　222
2. 저자의 특허들　　　　　　　　　　　　　　261

작가의 말

**예비 사회 초년생들에게
이 책을 바칩니다.**

어떤 이는 한 번에 취업이 되기도 하고, 또 다른 어떤 이는 면접을 100번 봐서도 안 된 이들이 있습니다. 무엇을 어떻게 해야 하는지 몰라서 그런 결과를 가져오기도 하지만 대다수의 사회 예비 초년생들은 경험 부족으로 인해서 취업시장에서 고배를 마시기 일쑤입니다. 대다수의 취업준비생들이 10여 번 정도의 흔히 말로 서류 광탈(광속의 속도로 탈락하다.)을 당하고 나면 본인도 모르게 많이 위축되고, 자신도 모르게 '나는 잘못 살았나?' 혹은 ' 나는 역시 안 되나 보다' 등의 생각도 하게 됩니다. 하지만 절대로 좌절하실 필요 없습니다.

저희는 둘이 합쳐서 입사지원서만 400개에 육박하게 썼었습니다. 물론 어느 시점이 지난 이후에는 서류에서 면접까지 내기만 하면 합격되는 경지까지 올라가게 되었습니다. 하지만 저희도 처음에는 서류전형에서 탈락하기 일쑤였고, 그럴 때마다 화도 나고, 씁쓸하고 '나는 많이 부족 하구나', '나는 역시 안 되나 보다'란 부정적인 생각들에 지배를 받았었습니다. 하지만 지나고 나서 생각해 보면, 오히려 이때의 쓰디 쓴 경험들이 사회에 나와서는 더욱 철저히 준비하게 하는 마음가짐을 만들어 주었고, 더욱 담대하며 쉽게 좌절하지 않도록 강한 근성 또한 만들어 주었습니다. 어쩌다 운이 좋아서 원서 한번 쓰고 한 번만에 입사한 친구들보다 돈 주고도 살수 없는 좋은 경험과 실패 경험을 했다고 생각합니다. 이것이 오늘날의 저희 경쟁력의 원천과 삶의 큰 자산이 된 것입니다.

취업준비생 후배, 동생님들 절대로 좌절하지 마십시오. 물이 끓는점은 100도입니다. 하지만 당신이 지금까지 노력해 온 것들이 99도까지 올라간 시점에서 포기한다면 얼마나 아깝겠습니까? 그리고 당신의 인생에 있어서 이 취업준비라는 기간에만 딱 한번 100도의 물을 끓이고 말 것입니까? 앞으로 살아가는 동안 사회생활을 하면서 수많은 물을 끓여야 하는 일들이 기다리고 있습니다. 한번 물을 끓여 본 사람들은 두 번째, 세 번째 그 다음 기회에서 남들보다 훨씬 더 쉽게 물을 끓일 수 있습니다.

저희는 지금 아주 평범한 직장인이고, 한때는 여러분들과 같은 평범한 취업준비생이었습니다. 일반인들보다 특허를 조금 더 잘 안다고 말할 수는 있겠지만, 특허전문가는 절대 아닙니다. 그리고 전문적인 발명가도 아닙니다. 하지만 특허청에서 장려하는 발명, 특허라는 것들을 통해서 젊음의 열정에 불을 지펴보았고 그 결과로 몇 건의 특허를 출원, 등록해 보았습니다.

단순한 서류상의 결과물인 특허증이라는 것이 우리에게 남늘과 다른 차별화 포인트를 주기도 하였지만, 무엇보다 그 과정을 통해서 상상하고, 토론하고, 문제를 해결해 나가는 과정을 통해서 사회로 나가기 위한 역량을 키울 수 있었습니다. 이러한 경험들이 사회에 나와서 실제로 현업을 하는데 있어서 필요한 역량의 기반이 되고 있습니다. 저희가 잘했다고 생각하는 것은 절실하게 임했다는 것과, 진실하게 열정적으로 이 과정을 즐겼다는 부분입니다. 절실함과 진솔함으로 여러분들이 취업준비를 임하시고, 사회 초년생으로서의 역할을 준비하신다면 좋은 결과로 이어질 것이라 확신합니다.

다시 한 번 당부 드립니다. 절대로 포기하시거나 쉽게 좌절하지 마시고 용기를 내십시오. 지금 당장은 아무도 알아주지 않는 것 같아도 반드시 보상받을 날이 올 것입니다. 이 책을 읽고, 저희 같은 사람들도 무엇인가 성취하고 해냈다는 것에 용기를 얻으시고 더욱 큰 발전을 하는 밑거름이 되시길 소망합니다.

감사합니다.

저자 김기환, 구정민

추천사

경험에 비추어 보면 면접관으로서 면접에 임할 때 가장 어려운 점은 짧은 40여분동안 지원자가 본인의 역량을 충분히 보여줄 수 있도록 질문을 통해 유도해야 한다는 점이다. 그들이 살아온 삶을 축약해 놓은 자기소개서에서 다른 지원자와 차별화된 내용을 찾아 흥미로운 답변을 듣는다는 것이 결코 쉬운 일이 아니기 때문이다. [특허, 나의 취업 필살기]를 통해 많은 지원자들이 본인만의 특별한 경험을 만든다면 취업의 문턱이 많이 낮아질 거라 믿어 의심치 않는다.

호텔 L7명동 홍선미 총지배인

세대가 다르다. 486 세대인 나로서는 취업 전쟁을 겪은 적도 없고, 스펙 경쟁이나 취업 준비 학원, 취업스터디 같은 말은 낯설게만 들린다. 지금의 신세대 직원들과 신입 사원들의 스펙은 분명 나의 세대와 다르다. 그들은 영어실력도 뛰어나고, 학벌과 다양한 자격증들이 놀랍다. 하지만, 뽑는 사람 입장에서 어떨까? 그러한 높은 스펙과 자격증들로 인해서 편안하고 확신에 차서 인재들을 뽑고 있을까? 상향평준화된 제반의 스펙들이 선택의 문제에서는 오히려 더 큰 고통을 주고 있을지도 모른다. 취업이라는 것을 지나치게 기능적으로 접근하여 진짜 실력이 아니라, '취업기술'만 올라가는 것은 뽑는 사람에게 혼란만 가중시킨다. 그런 의미에서 [특허, 나의 취업 필살기]를 통하여 취업기술이 아니라, 하나의 방법론으로써 자기 가치 차별화에 대해서 깊이 생각할 수 있는 기회가 되었으면 좋겠다.

LG전자 빌트인사업실장 노영호 상무

현대사회에서 기업의 성장동력은 기계 중심의 유형자산에서 기술 중심의 무형자산으로 중심축이 이동하고 있다. 즉, 아이디어, 혁신과 같은 무형의 지식재산권이 기업의 지속성장과 사업영위의 바탕이 되고 있다. 취업난과 실업난이 극심한 지금 '성공적 취업'을 위해 이 무형자산을 차별화 포인트로 이용하는 것은 어떨까. 대다수의 취업준비생들은 비슷한 수준의 '스펙'을 갖추고 있어 이들과의 경쟁을 뚫기 위해서는 차별화 포인트가 필요하다. 본 저서는 이 차별화 포인트로 무형자산인 특허를 이용하기 위해 아이디어를 발명가적 발상법으로 도출하고, 출원까지의 과정을 취업준비생의 관점에서 쉽게 풀어가고 있다. 기업의 영속을 위해 매우 중요한 요소 중 하나인 특허를 '성공적 취업'을 위해 어떻게 활용할 수 있는가를, 본 저서는 상세하게 다루고 있으며, 이를 통해 많은 취업준비생들이 차별화 포인트로서 특허에 관한 지식과 정보를 얻을 수 있을 것이다.

BH Patent & Solution 대표 이병환 변리사

국내 및 해외 법인 신입사원 면접 및 OJT 시 마다 느끼는 것은 지식은 많아도 원칙을 가지고 문제를 해결하는 능력이 부족함을 많이 느꼈습니다. 면접관들이 중요시 되는 것은 본인의 성공체험이 무엇이고 서류상이 아닌 실무적으로 지원자가 무엇을 했냐 등 다양한 상황에 논리적, 창의적 문제 해결 능력을 중요시하고 있습니다. 구직자 분들이 결과물에 집중하지 말고 [특허, 나의 취업 필살기]를 통해 특허라는 결과물이 아닌 평소 자신이 관심있는 분야에 문제점을 고민하고 실질적인 해결책과 실행을 할수 있는 완결형 습관을 키우길 기대합니다.

LG전자 빌트인영업팀장 김재희

대한민국 구직자수 100만명이 시대에 접하고 있는 지금 취업은 모든 젊은이에게 가장 소중한 단어가 되어 버렸다. '특허, 나의 취업 필살기'에는 천편일률적인 취업소개서가 아닌 구직자가 취업을 할 수 있도록 선택과 집중을 하여 본인만의 무기를 만들어 준다. 단순 주입식이 아니라 사고와 통찰을 기반으로 취업에 대해 처음부터 끝까지 정리할 수 있도록 도와줌으로 본인의 가치를 극대화 하여 기업이 바라는 인재상으로 이끌어 내주는 구직자들에게 진정한 도움을 주는 가장 큰 조력자이다. 기업이 투자자에게 IR 하여 성공적인 딜을 하듯이 구직자가 기업에게 IR을 할 수 있도록 도와주는 필수 지침서라 하겠다.

호텔롯데 재무팀장 박인

많은 학생들이 좋은 직장에 들어가기 위해서 학점 쌓기와 어학공부 그리고 대외활동, 인턴, 아르바이트 경험 등에 집중하고 있다. 하지만 그러한 활동들로 인해서 각자의 외모와 성격은 다름에도 불구하고 취업 스펙은 획일화만 되어가고 있다. 그런 의미에서 [특허, 나의 취업 필살기]는 각자의 능력과 스펙에 대해서도 차별화를 가져야 함을 말해주고 있다. '특허'라는 하나의 차별화된 전략 예로 취업시장에서부터 사회생활에까지 우위를 점할 수 있음을 보여준다. 많은 취업을 준비하는 독자들이 이 책에서 저자가 말하는 '특허' 같은 자신만의 전문성을 개발할 수 있는 기회가 되길 희망한다.

대구대학교 회계학과 김정재 교수

인공지능과 빅데이터로 대변되는 지식정보화시대의 현대사회에서 기업의 생존을 위해서는 기술의 권리를 독점적으로 확보할 수 있게 해주는 지식재산권이 매우 중요하다. 이 지식재산권을 보유한 기업은 이러한 기술 경쟁 사회에서 우위를 점유할 수 있다. "특허, 나의 취업필살기"에서는 무한 경쟁시대에 돌입한 취업전쟁에서 취업준비생이 우위에 올라설 수 있는 강력한 무기로서 지식재산권인 특허를 제시하고 있다. 독자들은 획일화된 스펙과 경험, 자기소개서를 초월한 본인만의 특별 아이템 뿐만 아니라 다양한 상황에서의 문제해결 능력과 창의력을 얻을 수 있을 것이다. 또한 취업 과정과 이후의 사회생활에서도 다른 이보다 우위에 설 수 있는 튼튼한 기초 역량을 함양하는데 많은 도움이 될 것으로 기대된다

고려대학교 산업공학과 장동식 교수

프롤로그

지금은 국내 굴지의 대기업에서 선임(과장)으로 근무하고 있지만, 나도 한때는 이력서만 내면 광탈하던 시절이 있었다.

나름 이름 있는 학교에서 석사까지 마친 후라 스펙으로는 어디 가서 꿀리진 않는다고 생각했었다.

하지만 막상 병역특례를 위한 전문연구요원으로의 취업을 준비하며 보니 내 스펙은 지원자들 중에서 거의 바닥이었다.

전문연구요원 준비위원회라는 다음카페에서 스펙에 관한 정보를 주고받는 글들을 살펴보면 대다수가 해외 유수대학 석사 출신 혹은 서울대, 카이스트가 기본이었다. 그래서일까 40여 번의 서류 광탈을 맛보고 나서야 겨우 면접을 볼 수 있었다. 그렇게 힘들게 잡았던 면접에서 나는 나라는 사람에 대해 제대로 어필 한번 해보지 못하고 똑 소리 나는 경쟁자들에게 압도당함을 느꼈다.

나름 수많은 프레젠테이션으로 훈련이 잘 되어 있다고 생각 했으나 모두 나의 착각이었던 것이었다.

그 이후부터는 지역, 규모, 급여체계 등을 따지지 않고 전문연구요원을 모집하는 자리면 무조건 원서를 집어넣었다. 지방의 어느 회사 면접을 갔을 때, 경쟁자들이 모두 지방국공립 석사 출신인걸 보고 여긴 합격하겠구나 하고 생각했었다. 면접 역시 그들보다 잘 했다고 생각했었다. 하지만 그럼에도 불구하고 번번이 불합격 통보만 받기 일쑤였다. 정말로 그때 나는 알 수 없었다. 어떻게 해야 이 병역특례 취업을 할 수 있는 건지, 누군가의 말처럼 백이 있고 연줄이 있어야 채용이 되는 것인지…
대략 100개 정도의 입사지원서가 광탈락을 맛봤을 때였다. 군대 영장까지 나와서 자포자기하는 심정으로 새벽기도를 나가고 있던 어느 날 아침 어느 한 기업에서 전화가 왔다.

"김기환 씨죠? 구인사이트에 이력서 올리신 것 보고 연락 드려요. 특허가 몇 개 있던데, 다 본인이 직접 아이디어 내서 출원하신건가요? 저희 연구소장님이 꼭 한번 김기환씨를 만나보길 원하세요."

'이게 정말로 꿈인가 생시인가… 그렇게 애를 써도 면접 한번 보기 힘들었는데..인지도가 꽤 있는 회사에서 먼저 연락이 오다니..'

대학원 생활을 하면서 학부 때 해보지 못했던 공모전 도전을 하면서 실패한 아이디어들로 특허를 출원했던 것이 빛을 발하는 순간이었다.

그렇게 나는 기적처럼 오늘의 삼성메디슨의 전문연구요원으로 취업을 하였고, 병역특례로 근무한지 3개월 만에 거짓말처럼 회사 체육대회에서 왼쪽무릎 전방십자인대가 파열되어 의병전역을 하게 되었다.

병원에 입원해서 치료 받는 동안 나는 일반공채 취업준비를 시작했다. 그리고 그 동안의 패배에 대해서 분석해 나가기 시작했다. 전문연구요원처럼 고스펙군의 취업시장에서는 스펙 vs 스펙으로 비교가 되어 당연히 고스펙자 쪽으로 유리하게 판이 쏠린다는 것을 알 수 있었다. 또한 반대로 기업에서 채용하고자 하는 인재상의 범위를 벗어나도 채용이 잘 되지 않음을 알았다.

흔히 말하는 '오버스펙'이다. 기업에서는 장기 근속해 줄 사람을 찾지만 기업의 형편에 맞지 않는 재원을 뽑게 되면 대다수가 얼마 다니지 않고 더 좋은 자리로 이직을 하기 십상이기 때문이다. 큰 회사는 큰 회사대로 좋은 재원을 받아서 병역특례 이후에도 지속적으로 회사 일을 해주길 원하고, 반대로 작은 회사는 작은 회사대로 병역특례가 끝나더라도 키워서 회사를 끌어줄 재원을 원한다. 위도 아래도 나름대로 일반 공채시장보다 모집단위는 작지만 더 치열한 전문연구요원 취업시장이었던 것이다. 그 속에서도 내가 운 좋게 병역특례 취업의 벽을 넘을 수 있었던 것은 경쟁자들과의 확실한 차별화 포인트가 있었기 때문이다. 바로〈특허〉였다.

'지원하신 OOO 사 공고의 서류전형 결과가 발표되었습니다. 채용 홈페이지에서 결과를 확인하여 주시기 바랍니다.'기다리던 서류 전형결과가 문자로 날아왔다.
이걸로 100번째 상반기 공채 결과다.홈페이지에 로그인하는 동안 내 심장은 터질 듯이 뛰고 있었다. 토익점수를 확인하기 위해 로그인하는 순간과는 비교가 되지 않을 정도로 긴장되는 순간이다.
'안녕하십니까?
OO년 상반기 신입사원 공개채용에 지원해 주셔서 감사합니다. 제출하신 자료를 면밀히 검토한 결과 능력과 자질을 본다면 귀하를 선발하고 싶었으나, 제한된 인원만을 선발할 수밖에 없게 된 점을 무척 안타깝게 생각하고 있습니다.'

또 탈락이다.

매번 보이는 우수한 귀하를 뽑지 못했다는 똑같은 문구는 이제 신물이 날 지경이다.

우수하면 뽑아야지 왜 탈락시키는 건지.. 앞뒤가 맞지 않는 이 글귀를 볼 때마다 화가 난다.

차라리 '꽝!! 다음기회에..' 같이 쓰면 속이나 덜 상하지..

또다시 자괴감이 몰려오며 한숨을 내쉰다. 도대체 뭐가 문제인걸까?

4.0의 준수한 공학 전공 학점에 800점 초반대의 TOEIC 점수, 5건의 국제 자격증, 2건의 국내 자격증, 이정도면 성실한 학생의 스펙이지 않은가? 그동안 취업카페와 취업스터디를 통해서 자기소개서도 완벽하게 작성했는데, 계속 되는 탈락의 현실을 도무지 믿을 수가 없었다. 자기소개서에는 나의 주무기인 성실성을 강조하기 위해 7건의 국내외 자격증을 획득하기 위한 힘든 과정이 일목요연하게 들어있다. 게다가 내 자기소개서는 스터디 멤버들도 모두 인정을 하고 있고, 심지어 나는 다른 멤버들의 자기소개서 코칭도 하고 있다.

'그래.. 나같이 성실한 직원을 놓친 기업이 잘못이지.'

도무지 높이를 알 수 없는 서류전형의 벽을 다시 한 번 절실하게 깨달으며 채용공고를 뒤적였다.

상반기 공채의 끝물이지만 여전히 채용공고를 올리고 있는 기업들은 무수히 많다.

이제 눈높이를 완전히 낮춰야 하나..

하지만 주변 사람들에게 첫 직장의 중요성을 귀에 딱지가 앉도록 들어온 터라 차마 내가 원하지 않는 아무 회사에 지원을 할 수는 없었다.

그동안 이력서 제출을 위해 기업 리스트를 만들고, 이력서 제출 기한을 관리를 해왔다. 이제 서류전형 결과가 남은 기업은 5개가 채 남지 않았다. 이대로 올 상반기 공채 시즌을 마무리해야만 할 것 같았다.

그 순간 하나의 문자가 나의 폰을 울렸다.

' 지원하신 OOO 사 공고의 서류전형 결과가 발표되었습니다.'

설마? 혹시? 하는 기대를 안고 홈페이지에 로그인했다.

'안녕하세요?

OO사 채용 담당자입니다.

먼저 OO사 서류전형 합격을 축하드리며 아래와 같이 1차 면접 안내를 드리오니 참석해 주시기 바랍니다.'

이럴수가!! 믿을 수가 없었다. 서류전형 합격이라니!! 드디어 나에게 면접의 기회가 온 것이다. 세상을 다가진 듯 날아갈 기분이었다.

내 머리속에는 이미 OO사의 신입사원이 되어 일하고 있는 모습이 그려지고 있었다. 입사하면 첫 월급으로 부모님 선물도 사고 친구들을 불러서 당당하게 한 턱 내야지. 한껏 들뜬 마음으로 면접일자와 장소를 확인했다.

면접까지는 약 2주 정도 시간이 남아있었다. 그동안 취업스터디를 통해서 면접 준비도 함께 해온 터라 시간은 충분했다. 나는 면접을 위한 30초 분량의 자기소개를 외우고, 지원동기, 장래포부도 정리해서 달달 외웠다. 물론 회사의 정보도 인터넷과 전자공시시스템을 통해서 빠짐없이 정리하고 외웠다.

시간이 흘러 면접일이 되었다. 그동안 연습한 면접용 걸음과 인사로 면접장 안에 앉았다.

면접관은 3명, 나와 같이 앉아 있는 지원자는 5명이다.

"다들 멀리서 오시느라 고생했습니다. 긴장을 푸시고 마음껏 자기 자신을 보여주시기 바랍니다. 면접은 50분 정도로 진행될 예정입니다. 먼저 제일 오른쪽 학생부터 간단하게 자기소개를 해보세요."

"안녕하십니까? 마당쇠 같은 남자 OOO입니다. 저는 어릴 때부터 무엇이든 성실하게.."
"언제든지 저를 불러주세요. 성실맨 OOO입니다. 저는 항상 성실하게 공부하여 4.4의 학점을…"
드디어 내 차례가 되었다.
"누구보다 성실하게 열심히 일하겠습니다. 구정민입니다. 저는 5개의 국제 자격증과 2개의 국내 자격증을 보유하고 있으며.."
첫 면접이라 긴장을 많이 하였지만 그동안 달달 외운 자기소개를 떨지 않고 완벽하게 끝냈다.
그동안 연습한대로 자신감 있는 미소와 목소리, 그리고 3명의 면접관을 모두 둘러보는 시선까지… 누가 봐도 완벽한 자기소개였다. 자기소개가 면접의 80%라는 말이 있는데 이정도면 합격이겠지?
마음속으로 안도의 한숨을 내쉬는 동안 나머지 2명의 자기소개가 모두 끝났다.

가운데에 앉은 면접관이 인자한 미소로 말했다.
"이번엔 성실한 지원자들이 많이 오셨네요."
그러고 보니 5명 모두 같은 컨셉이었다. '나는 성실한 사람이다.'
이제 면접관들이 한 명씩 지목하여 질문을 하기 시작했다. 지원자들 모두 나름의 다양한 경험을 가지고 있었다. 인턴경험과 해외 어학연수, 알바 경험 등등.. 취업카페에서 봐왔던 다양한 경험들이 쏙쏙 나오고 있었다. 하지만 면접시간의 절반이 지나도록 나에게는 질문이 하나도 오지 않았다. 억지로 입가에 미소를 띠며 면접관들을 바라보면서 초조함이 극에 달했을 때, 가장자리에 앉아있던 면접관이 나에게 질문을 하였다.
"구정민 씨, 이력서를 보니 특허가 있네요. 어떤 내용인지 설명해주시죠"
그 순간 나머지 면접관들이 모두 책상위의 종이를 분주하게 넘기기 시작했다. 동시에 옆에 앉아 있던 면접자들이 곁눈질로 나를 보는 시선도 느껴졌다.
내가 언제 특허를 이력서에 넣었었지? 대부분 자격증을 입력하는 칸이 모자라서 넣지 않았었는데.. 일단 질문에 대한 답을 해야 했다.
"비닐하우스는 비닐이 강한 바람이나 눈에 찢어지는 경우가 많습니다.

그래서 그걸 해결하기 위해서 여러 개의 단단한 플라스틱판으로 비닐하우스를 만드는 것을 생각하여 특허로 출원했습니다."
"그렇군요.. 잘 알겠습니다."
그 뒤로 회사에 입사한 뒤 포부나, 취미 등과 같은 공통적인 질문을 면접자들 모두 골고루 받았다. 면접 마지막 말미에 면접관에 질문하는 것도 포함해서 면접이 모두 끝났다.
집에 돌아오는 길 면접의 순간들을 하나하나 되짚어보았다.
자기소개부터 질문에 대답하는 동안 대부분의 면접관들이 책상의 종이를 보고 있었다. 면접 내내 표정도 다들 심각하게 굳어 있었는데 다른 지원자들이 대답할 때도 마찬가지였다.
이건 도무지 합격인지 불합격인지 알 수가 없는 느낌이었다. 취업카페에서 보던 글이 바로 이런 거구나….
그래도 자기소개를 완벽하게 잘했으니 합격할 것만 같았다. 또다시 나의 머릿속은 OO사의 신입사원이 되어 보람찬 출퇴근을 하고 있었다.

2주 뒤 1차 면접 결과의 문자와 이메일이 도착했다.

불합격이었다.

또다시 나는 좌절감을 느끼게 되었다. 그동안의 행복했던 기분은 모두 연기처럼 흩어졌다.

서류전형의 벽을 어렵게 넘었는데 이제 면접전형이라는 또 다른 벽을 마주하게 되었다.

무엇보다 또다시 서류전형을 통과해야 하다니, 마치 심해로 가라앉는 기분이었다.

너무나 막막했다. 도대체 어떻게 해야 할까? 결국 나는 이대로 백수의 인생을 살게 되는 건가?

문득 지난 면접에서 가장 빛났던 순간이 떠올랐다.

잠시나마 모두의 주목을 받았던 순간.

그렇다 특허다.

우리는 청년백수 100만 명 시대에 살고 있다. 과도한 스펙 쌓기와 너도 나도 할 것 없이 대기업 같은 좋은 기업, 큰 기업에 취업하기만을 원하는 몰림 현상의 결과이기도 하다.

또한 대한민국의 비실용적인 교육제도와 기성세대들이 현 청년층을 너무 나약하게 키워 취업문을 제대로 두드려 보지도 못하고 청년백수로 남아 있는 이들도 많다.

이들은 취업을 하고 싶지 않아 청년백수가 된 것인가? 아니다. 정말로 취업을 하고 남들처럼 평범하게 출·퇴근을 하며 삶을 꾸려나가고 싶은 이들이 대다수일 것이다.

하지만 무엇을? 어떻게? 해야 하는지 몰라 자신의 역량을 내보이지도 못한 채 청년백수 신분에 머물러 있는 이들 또한 있다.

지금 우리사회는 이들에게 이력서와 자기소개서를 남들과 다르게 본인만의 스토리라인을 입혀야지만 취업에 유리하다고 말하는 취업강사들이 활개를 치고 있다. 재미난 사실은 그렇게 말하는 '취업강사' 대다수가 실제로 청년백수들이 꿈꾸는 대기업이나 좋은 기업에 일해보기는커녕 취업조차 해보지 못한 이들이 허다하다. 그들이 주장하는 것들 중 면접에서 통하는 것들이 간혹 있긴 하다.

하지만 분명한 사실은 기업은 역량 있는 인재를 선호하며 이러한 인재를 선별하기 위한 첫 번째 과정은 서류전형이라는 것이다.

서류전형, 즉 스펙으로 판가름 나는 부분이다. '취업강사'들은 필력으로 서류전형을 통과할 수 있는 것처럼 주장하여 많은 청년 백수들을 혼란스럽게 만든다.

상식적으로 생각해 보자 면접대상자를 서류로 보고 선별하는 HR 담당자는 1명인데, 지원자가 1,000명이 넘는다고 한다면… 과연 HR 담당자는 지원자의 모든 이력서와 자기소개서를 읽고 우선순위를 매겨 면접대상자를 선별할 수 있을까?

그런데 여기서 만약 지원자 중 누군가가 특허 이력을 가지고 있다면 서류전형에서 유리해 질 수 있지 않을까? 직무, 직군 불문하고 이미 돌이켜 다시 쌓을 수 없는 학력이나, 학점, 어학성적 외에 추가점수를 받을 수 있는 것이 있다면 어떨까? 또한 면접에서 그 특허의 경험담을 바탕으로 본인만의 스토리텔링을 할 수 있지 않을까?

그렇다!! 그렇게만 할 수 있다면 특허는 취업시장에서 하이패스 같은 필살기가 될 수 있다.

제1장

나도
자기소개서만
잘 쓰면 되는 줄 알았다

요즘 서점에 가면 취업준비 관련 책들이 유난히 눈에 많이 띈다. 취업을 준비하는데 있어서 어떤 부분들을 어떻게 준비해야 한다고 가이드 해주는 종합 매뉴얼 타입의 책들부터 자기소개 스토리라인을 전략적으로 어떻게 가지고 가야 남들과 차별화될 수 있다고 주장하는 책들이 유난히 많다. 거기에다 각 기업별 직무적성, 인적성 검사 문제집들과 면접을 위한 시사상식 책들까지 넘쳐나고 있다. 너무 많아서 어떤 책을 골라야 할지 취업준비생들도 혼란이 올 정도이다. 그러다 보니 최근엔 대형 외국어학원이 사업영역을 확장해 취업준비 과정까지 개설할 정도라고 한다.
취업을 위해 사교육의 힘까지 빌려야 하는 실정인 것이다. 사교육에 시달리는 아이들이 노는 법을 몰라 놀아주는 학원을 다닌다던데, 이제는 취업을 위해서라면 당연히 학원을 다녀야 한다고 권유하는 사회가 된 것 같다.

몇 년 전부터 대형 외국어 전문 학원들을 중심으로 취업 전문과정을 개설하고 있다. 각 기업별/직군 별 입사지원서 공략법부터, 인적성시험, 면접 준비까지 맞춤으로 대응을 할 수 있도록 서비스를 제공한다고 한다. 적게는 50만원에서 많게는 100만원을 초과하는 수강료를 받고 있다. 이런 추세가 생겨난 것은 언젠가부터 취업시장에서 어학성적 / 어학능력은 취업을 위한 필수 덕목이 되어 버렸기 때문이다. 많은 취업준비생 혹은 취업재수생들은 취업준비를 대부분 이 외국어 학원가가 밀집된 곳에서 주로 준비한다. 이것과 맞물려 대형 외국어 학원들이 취업패키지 상품을 선보이며, 취업 관련 종합학원으로 탈바꿈을 시도하고 있는 추세이다.

대한민국입시가 사교육화 됐던 것처럼 취업난이 심해짐에 따라 입시가 아닌 입사까지도 사교육 바람이 불고 있다. 어쩌면 토익성적이 스펙의 한 항목으로 자리 잡았을 때부터 이미 예견됐던 일이었는지도 모르겠다.

나도 한때는 서류만 접수한다면 면접까지 당연히 누구에게나 기회가 주어진다고 생각했던 아주 순수했던 시절이 있었다. 그리고 자기소개서를 어떻게 쓰느냐에 따라 서류전형 통과 및 면접의 기회가 주어질 것이라고 생각했었다. 그렇다보니, 나 또한 부족한 어학성적을 위해서 영어학원에 많은 돈을 쓰고, 스펙을 극대화하기 위한 자격증 따기에 많은 돈과 시간을 투자하였다.

그렇게 준비한 서류는 계속 광탈이고, 어쩌다 한번 얻은 면접의 기회조차 나름은 차별화를 준비했다고 해서 갔지만, 실제로는 차별화는커녕 획일화 되어 있는 나 자신을 발견하기 일쑤였다. 아마 그때 당시 좋은 면접 혹은 스피치 학원이 있었다면 나도 거기에 꽤 많은 돈을 투자했었을 지도 모르겠다.

취업학원부터 취업특강 강사들까지 대부분 그들 주장의 베이스는(기본은) 면접에서의 차별화 전략이다. 남들과 차별화 되는 본인만의 스토리라인이 있는 자기소개가 가장 중요하다고 말한다. 나 역시 지금은 이 부분에 대해서는 동의를 표한다. 좀 더 보태자면 나는 1분 자기소개가 면접의 승패의 80%를 차지한다고 생각할 정도로 중요하다고 본다.

그러나 여기서 중요한 것은 자기소개를 할 수 있는 면접의 기회가 누구에게나 다 주어지는 것이 아니라는 점이다.

면접을 위해서는 반드시 서류전형을 통과해야 한다. 하지만 정작 사회에서 권유하는 취업준비 전략에 서류전형에 관한 이야기는 없다.

아무리 최근 블라인드 채용이 증가하는 추세라고는 하나 이 모든 채용절차의 시작은 결국 서류전형에서부터 시작된다는 것은 그 누구도 부정할 수 없을 것이다. 그들이 말하는 대로 해보려고 해도 혹은 나름 말을 잘하고 본인만의 스토리텔링이 잘 준비되어 있다고 한들 서류전형을 통과해야 면접을 볼 수 있는데, 그 과정에 대해서는 아무도 말해주지 않았다.
단순히 '니 스펙이 부족하다.' '스펙이 뛰어난 경쟁자들이 요즘 너무 많다.'라는 말만 해준다.
취업준비생들이 정보를 교류하는 인터넷 카페에 자신의 스펙을 공유하고 평가를 해달라는 글들을 쉽게 볼 수 있다. 대부분 학력/학점/토익 그리고 대외활동 경험 정도를 언급해 둔다. 학력에 대해서는 SKY/인서울/지방 국공립 정도로 표시를 한다. 실제 많은 기업들이 면접자를 선별해 내는 과정에서 지원한 입사지원서의 스펙을 바탕으로 면접 대상자를 선별한다. 각 항목별로 점수를 배분하여 종합점수가 높은 순으로 순위를 매겨 면접대상자를 선별한다. 예를 들면 학교점수는 10점 만점에 S대는 10점, K대, Y대는 9점, H대는 8점 이런 식으로 배분하고, 학점은 4.5만점에 4.2이상은 10점, 3.8 ~ 4.2미만은 9점, 3.5 ~ 3.8미만은 8점 이런 식으로 배분될 수 있다.

순위	이름	학교		학점		어학능력		특이사항		종합 점수
		이름	점수	평점	점수	성적	점수	내용	점수	
1	김기환	S대	10	4.2	10	800	8	특허	10	38
2	구정민	K대	9	4.5	10	870	9	공모전	8	36
3	김스펙	Y대	9	3.7	8	910	9	봉사활동	1	27
4	구어학	O대	6	3.5	8	990	10	OA자격	3	26
5	홍길동	D대	7	3.2	7	750	7	대학기자단	2	23

자격증은 자격증 난이도나 등급에 따라 xx점/대외활동은 내용과 기간에 따라 xx점/공모전도 수상이력과 주최 규모에 따라 xx점과 같은 방식으로 환산하고 종합점수로 서류전형 선별이 이루어진다.

예를 들면, 위와 같이 엑셀 시트 혹은 서류전형을 통해서 각 항목별 점수를 주고, 종합점수로 최종 면접 대상자를 선정한다. 면접대상자는 대게 채용 대상 TO의 3배 정도로 정하는데, 경우에 따라서는 종합점수 절대값을 정해서 넘는 대상 전원에게 면접의 기회를 제공할 수도 있다.
이는 어디까지나 이해를 돕기 위한 예일 뿐이며, 기업이나 기관 특징에 따라 그리고 경쟁률에 따라 기준은 다르게 이용된다. 여하튼 서류가 떨어지는 이유는 이 논리로 접근 했을 때, 선배들이나 주변에서 얘기하는 것처럼 내 스펙이 부족하기 때문이 되어버린다.

예를 들면 내 종합점수는 79점, 합격 컷트라인 점수는 80점...
그렇다면 나는 지금 이 나이에 수능을 다시 보고 대학교를 다시 가서 착실히 학점을 쌓고, 어학연수도 열성으로 가서 좋은 어학성적을 만들어 와야 하는가? 그럴 수는 없는 현실이다.

그래서 이미 대학졸업을 앞두고 있거나, 취업준비를 하고 있는 이들은 취업을 위해서 대게 내가 그랬던 것처럼 뻔한 것에 집중을 한다. 먼저 위에서도 언급했었지만 글쓰기이다. 이미 다 갖추어진 스펙과 자신만의 경험을 바탕으로 차별화된 자기소개서를 쓰기 위해서 혈안이다. 더 나아가서 그렇게 힘들게 쓴 자기소개 내용을 바탕으로 면접에서 써 먹기 위한 1분 자기소개까지 이어지도록 스토리텔링을 하는데 굉장히 많은 시간과 공을 들인다. 하지만 그렇다고 해서 서류전형을 통과할 수 있는 것은 아니다.

나중에 안 사실이지만, 면접관들은 면접장에서 자기소개를 시켜 그 사람에 대해서 정보를 얻고 판단하지, 실제 서류상의 자기소개서를 미리 보는 면접관은 거의 없다. 물론 아주 작은 회사나 특수한 직군 같은 경우는 예외이긴 하다.

두 번째로 어학성적이다. 선배들이 서류에 채우기 위한 어학성적만 있으면 되지 기업에 가서 실제로는 영어를 사용할 일이 없다고 했던 것이 기억난다.

결론부터 말하면 거짓말이다. 영어능력 중요하다. 외국인과 협업을 하기 위한 커뮤니케이션 수단으로서 굉장히 중요하다. 나도 점수만 있었지, 말 한마디 못하는 벙어리 수준으로 입사했다가 신입사원 때 퇴근하고 영어공부를 독학했던 기억이 아직도 선명하다. 잘하면 잘 할수록 본인 업무를 하는데 굉장히 도움이 된다. 하지만, 취업을 위한 절대적인 것은 아니다. 우선 서류전형 상에서 당신의 어학능력을 평가할 수 없다. 최소한 면접을 가서 영어 인터뷰를 할 때, 어느 정도 참조를 할 수 있는 수준이다.

어학성적은 크게 2가지를 위해 기업에서 요구한다. 1번 말 그대로 어학능력을 참조하기 위해서이며 2번째는 당신의 학점에 대한 신뢰도를 참조하기 위한 보조 잣대이다.

이게 무슨 말일까 생각을 할 수 있는데, 다양한 학교, 다양한 학과 출신들이 공채시즌에 입사지원을 한다. 지원자의 학습능력과 성실도를 학점으로 평가할 때, 단순히 학점으로만 평가를 한다면 실실적인 지원자의 역량의 평가가 쉽지 않다. 왜냐하면 학점을 만들기 위해서 학점을 잘 주는 교수들 수업만 들어 서류상의 점수만 만들려 하기 때문이다.

예를 들어 교양수업으로만 4.0 학점을 만든 사람과 전공심화 과목, 예를 들어 암호수학, 재무제표 분석, 고대중세 영어, 비모수, 함수, 추정론 이렇게 이름만 들어도 머리가 아픈 과목을 위주로 수강하여 3.5 학점을 만든 사람 둘 중, 누가 더 성실하다고 할 수 있을까?

세 번째로 우리가 많은 시간을 투자하고 집중하는 것이 자격증이다. 실제 입사지원서 상에 자격증을 최소한 3개 정도 입력하도록 되어 있고, 전통적인 이력서 양식에도 자격증 입력란은 반드시 존재한다. 그렇다 보니, 많은 대학생들이 컴퓨터학원을 필두로 다양한 학원을 다니거나 독학을 해서 자격증을 취득한다. 물론 취업을 하는데 굉장히 큰 효과가 있는 전문 자격들도 있다. 예를 들어 변호사, 변리사, 의사, 회계사 등… 전문 자격증이다. 실제 이런 전문직군에 지원을 하기 위해서는 전문 자격증 보유가 당연한 기본요건이다.

이런 것을 제외하고 대다수 취업준비생들이 가장 많이 쓰는 자격증이

OA(Office Automation) 관련 자격증이다. 대부분 잘 알고 있는 것처럼 컴퓨터활용능력, 워드프로세서, 사무자동화, 마이크로소프트사의 MOS 등이다.

실제로 기업에서 이런 OA 프로그램들을 많이 활용한다. 한글 혹은 MS워드를 필두로 엑셀, 파워포인트 사용은 필수이다. 하지만 이 자격증이 있다고 해서 과연 OA 프로그램을 잘 다룰까? OA 프로그램만을 잘 다룬다고 해서 일을 잘할까? 나도 자격증은 10여개 가지고 있다. 하지만 이력서에 쓰는 것은 3가지뿐이며, OA자격증은 어필하지 않는다.

왜냐하면 다른 자격증보다 가치가 높지 않다고 생각하기 때문이다. 많은 취업준비생들이 오해하는 것 중에 하나가 자격증란에 동일한 성격의 자격증을 넣어서라도 칸을 채우는 데만 혈안이 되어 있다는 것이다. 그렇다고 가산점을 얻을 수는 없는데 말이다.

네 번째로 어떤 면접에 가던지 쉽게 볼 수 있는 동아리 회장이다. 실제로 기업에서 대외활동 경험은 매우 중요하다. 어떤 일이든 일이 되기 위해서는 끌고 나갈 수 있는 리더형 인재가 필요하기 마련이다. 또한 조직관리 차원에서도 이런 역량은 기업에서 중요시 여기고, 리더를 키우기 위해 많은 기업들이 고민하고 있다. 이 역량을 많은 지원자들이 어필하기 위해서 너도 나도 대외활동에서의 리더 경험을 언급한다. 실제로 동아리회장을 해본 사람이 있을 테지만, 대부분은 본인의 리더십을 어필하기 위해서 허구로 자신의 경험담을 쓰고 이력서에도 언급한다.

왜냐하면 서류상으로 전혀 입증할 방법이 없기 때문이다. 나도 여러 면접에서 수많은 동아리의 회장들을 만난 경험이 있다. 그렇기 때문에 동아리 회장직은 서류전형에서 차별화 포인트로 사용하기는 매우 어렵다. 꼭 자신의 리더십을 서류상으로 어필하고 싶다면 본인이 속한 학교의 학생회장이 되어라!

마지막으로 봉사활동이다. 지금 이 순간에도 입사지원을 위한 기본적인 자격요건도 갖추지 않은 채 봉사활동 점수 혹은 증명서에 시간투자를 하고 있는 사람도 있을 것이다. 나도 학생일 때, 취업에 도움이 된다고 해서 수많은 봉사활동을 했었다. 특히 시간만 나면 헌혈을 하는데 굉장히 많은 수고를 하였다. (헌혈 42번) 나의 친구는 헌혈을 포함한 봉사활동 경험 자체가 전무하다.

미안하지만, 당신의 역량을 평가하는데 봉사활동 항목은 전혀 상관이 없다. 그러면 왜 봉사활동 항목이 있는 것이냐고 물을 텐데, 이는 성격, 인품, 대외적인 성향파악을 위해서이다.

봉사활동을 경험과 증명서류를 바탕으로 취업을 꼭 해야겠다 하시는 분들은 NGO나 요즘 아주 핫한 동물구호단체인 '케어' 같은 곳에 지원을 해보는 것이 좋을 것이다.

나도 기업이
취업준비생에게 원하는 것이
무엇인지 몰랐다!

이도 저도 잘 안되고 10여 곳 정도 서류 광탈을 하고 나면 자존감도 떨어지고 자포자기 하는 이들이 꽤 생겨난다. 그들을 위로한답시고 책임질 수 없는 권유로서 우선 눈높이를 낮춰 아무 곳에 들어갔다 경력을 쌓고 좋은 곳으로 이직을 하라는 말을 들어본 적 있을 것이다.

취업 준비에 지치고 힘든 수많은 취업 준비생들이 그런 선택을 하기도 한다. 실제로 작은 기업에 들어가 경력을 쌓은 후 더 크고, 급여도 더 많은 회사로 이직을 하는 경우도 있다.

실제 내가 몸담고 있는 기업에도 상대적으로 작은 회사로 입사를 하였다가 경력을 쌓고 경력사원으로 입사한 분들이 계시다.

하지만, 순진하고 세상을 잘 모르는 취업준비생들이 분명히 알아야 할 것이 있다. 경력입사로 이직 하는 것은 생각하는 것처럼 그리 쉽지도 않고, 많은 제약이 따른다는 것을 알아야한다.

우선 직군에 대한 제약이 생긴다.

처음 입사한 직군이, 무엇이냐에 따라서 경력도 그 직군관련해서 쌓게 될 것이고 그만큼 그 직군 관련 경력을 인정받아서 경력입사를 하게 될 것이기 때문이다. 예를 들어 A군이 물류직군으로 어떤 기업에 입사를 하여 약 3년간의 경력을 쌓았다고 하자. 그러면 이 A군은 사실상 물류직군 본인이 경험해 본 업무 쪽으로만 경력지원을 할 수가 있다. A군이 물류직군 경험을 쌓고 회계나 기획관리 업무로 경력채용 지원을 한들 쉽게 이직을 할 수가 있을까?

기업이 경력채용을 하는 이유는 현업에서 신입사원을 받아서는 바로 일을 시킬 수 없기에 경력이 있는 사람을 받아서 바로 현장에 투입, 전력화하기 위해서이다.

두 번째는 기업규모에 관한 제약이다.

극단적으로 예를 들면 아주 평점하고 작은 10여명 남짓 일하는 소기업에서 3년 경력을 쌓고 대기업으로 이직한다는 것은 현실적으로 불가능하다. 우선 큰 회사이고, 체계가 잘 갖추어진 회사일수록 업무 스콥과 체계가 명확하여 전문성 있게 육성 될 수 있다. 반면에 작은 회사일수록 업무 스콥이 모호하고, 전문성이 상대적으로 많이 떨어진다. 다양한 직무를 한 사람이 수행해야 하는 경우가 허다하며, 업무에 관한 시스템이 잘 갖추어져 있지 않다. 그렇다 보니, 그런 환경에서 일을 오래 했던 사람일수록 경험을 쌓고, 일을 배웠어도 흔히 말로 대기업에서 경험을 쌓고, 업무 경험을 쌓은 사람보다 전문성이 떨어질 수밖에 없다. 채용담당자 입장에서는 그런 부분을 충분히 고려해서 뽑기 때문에 규모가 너무 큰 차이가 나는 기업으로 한 번 만에 이직하는 것은 현실성이 없다.

메이저리그에 비유하면 메이저리그 / 트리플A / 더블A / 싱글A / 루키 리그 이렇게 5개 리그가 존재하는데, 아무리 루키리그에서 난다긴다하는 선수라 해도 바로 메이저리그로 바로 입성할 수는 없다. 운좋게 간다고 할지라도 수준차이가 크기 때문에 루키리그에서 보여주었던 만큼의 성과를 낼 수 없기 때문이다. 실제로 내 동료들 중에도 경력입사 하신 분들이 많은데, A항공사, S상사, S전기 같은 인지도나 규모면에서 조금 떨어진 회사에서 오신 분들은 흔하게 볼 수 있어도 듣지도 보지도 못한 소규모기업에서 경력입사 하신 분은 아직 한 번도 못 본 것 같다.

마지막으로 업종에 관한 제약이다.
아무리 같은 직군의 일을 한다고 해도 기업마다 처한 환경이 다르기 때문에 적응하는 것이 쉽지 않을 수 있다.
제조업과 서비스업이 그 형태가 많이 다른 것처럼 같은 제조회사 안에서도 자동차회사와 전자회사가 다르고, 제약회사나 섬유회사가 다르다.
공통적으로 통용되는 업무역량이 있을 수 있다. 하지만 이런 제약 조건들 때문에 경력입사 지원조차 어려운 사례가 훨씬 많다.
예를 들어 제약회사 영업만 5년만 해본 친구에게 패션회사나 전자회사, 혹은 조선회사에서 영업을 하라고 하면 단기간에 업무 적응을 하고, 성과를 낼 수 있을까? 물론 개인역량에 따라 가끔 말도 안 되게 빠르게 적응하고 성과 내는 친구들도 있긴 하겠시만, 현실적으로 불가능하다.

신입사원 채용해서 육성하여 전력화 하는 것과 크게 다를 게 없을 정도로 업종간의 온도 차가 크다.

그렇기 때문에 어른들이 말씀하셨던 것처럼 첫 직장이 중요하다는 것이고, 나 또한 첫 직장을 어설프게 들어가서는 본인의 비전을 만들어 갈 수 없다고 생각한다.

본인이 원하는 확고한 비전이 있는 사람이라면 어설픈 직장에서의 이직을 꿈꾸지 말고 하루빨리 신입사원 채용을 다시 준비하라고 권장하고 싶다.

참고로 신입사원 채용 연령대와 관련하여 많은 친구들이 오해하는 것들이 있는데, 기업에서 신입을 채용 할 때, 단적인 예로 50대를 신입을 받을 수 없는 것처럼 조직을 운영하는 입장에서 조직원간의 서열을 고려하여 채용하고 있다.

기업과 직군에 따라서 차이가 다소 있긴 하지만 대다수 기업들이 신입공채 남자는 대졸기준으로 30세, 석사졸업생은 32세 정도까지 채용하는 것을 선호한다. 여성은 대졸기준 28세, 석사졸업생은 30세 정도이다. 그래야 위 선배들과의 나이차도 어느 정도 유지가 되면서 상하관계로 업무 전달을 하기 수월하기 때문이다. 가끔 영화 '인턴'을 얘기를 하며, 다른 직장에서 은퇴했었던 로버트 드니로가 인턴으로 어느 패션회사에 입사하는 얘길 하는데, 미안하지만 여긴 대한민국이고, 여러분 대다수가 대한민국에 있는 기업에 취업을 생각하고 있을 터이니 논쟁은 없었으면 한다.

또 하나 취업준비생들에게 해주고 싶은 얘기는 졸업하고 나서 너무 오랜 기간 공백을 가지고 취업을 하지 말라는 것이다.

예를 들어 대학을 27세에 졸업하고 30세에 신입공채에 지원하고 다닌다고 하자, 물론 채용될 수도 있지만, 기업의 채용담당자는 이 사람에 대해서 어떻게 생각할까? 대다수의 기업 채용담당자들은 이력서상에 졸업 후, 1년 이상의 공백이 있으면 그 해당 지원자에 대해서 뭔가 문제가 있다고 생각하기 쉽다. 1년 이상의 공백 기간 동안 다른 곳에서 일을 하다가 신입공채로 다시 입사를 한다든지, 계약직 업무를 하다 지원을 한다면 이것은 또 다른 얘기이다.

순수하게 경력이 1년 이상 단절되었다고 하면 기업에서는 흔하게 이 사람에게 기업에서 발견하지 못하였거나, 지원자가 밝히지 않은 치명적인 결격사유가 있다고 생각하기 쉽다. 그러니 본인의 스펙이 사회에서 요구하는 기본조건도 못 갖출 정도로 많이 부족하다고 여긴다면, 졸업하고 나서 그걸 채우려고 하기 보다는 휴학이라는 좋은 제도를 최대한 활용해 보길 권장한다.

기업에서는
도대체 어떤 사람을 원하는가?

그렇다면, 채용을 하는 기업에서는 도대체 어떤 사람을 원하는가? 채용공고나 캠퍼스 리쿠루팅에서, 항상 하는 말이 있다. "함께 미래를 이끌어갈 역량 있는 인재를 모십니다.", "우리 xxx에서 역량 있는 인재를 찾습니다."

많은 기업들은 신입사원 혹은 경력 사원을 뽑을 때, 역량 있는 인재를 찾는다고 노골적으로 공고하고 있다. 그렇다면 과연 이 역량이란 것은 무엇일까?

사전적 의미로는 어떤 일을 해낼 수 있는 힘이다. 기업들이 찾는 인재상은 성과를 창출해 낼 수 있으며, 어떤 일이 주어졌을 때, 수행해 낼 수 있는 인재상이다. 이 역량에 대해서 많은 기업들이 다양하게 해석하고 정의하고 있으며 역량의 영역을 다양하게 정의하기도 한다. 또한 역량 있는 인재를 선별하기 위해서 각 기업의 내부적으로 많은 공을 들이고 있다. 예컨대, 각 직군 별로 필요로 하는 역량을 설정하고 각 지원자 별로 해당 역량 점수를 산출하여 채용할 인재를 선별하는 시스템을 만들고 적용하고 있으며, 매년 적합률을 높이기 위해 많은 시간과 돈을 쓰고 있다.

직군을 단순하게 인문계열, 이공계열로만 나누어서 인재를 모집하고 채용한다고 할지라도, 분명히 공통분모가 되는 즉, 어떠한 직군에서든 중요시 여기는 역량이 있을 것이다.

그렇다면, 기업, 조직, 어떠한 직군에서도 공통적으로 중요시 여기는 역량은 어떤 것이 있을까? 아주 단순하면서도 추상적으로 생각을 해 보아도 똘똘하고 실행력 강한 친구는 어디서나 환영을 받지 않을까? 기업들은 그런 친구들을 서류상으로 (어떻게)걸러 내고 있을까?

서류를 걸러내는 과정에 대해서 최대한 객관적이고 상식적으로 생각해보자. 회사에 다니고 있는 선배들에게 얘길 들어보면 알겠지만, 아주 특수한 직종을 제외하고는 HR 인원은 전체 직원 수 대비 몇 명 되지 않는다. 경우에 따라서 작은 기업에서는 총무업무, 기획업무, HR업무를 함께 보기도 한다. 특히 HR담당자가 있는 기업일수록 HR담당자의 업무영역이 분명할 것이다. 채용시즌이 아니더라도 기본적으로 하는 일이 있는데, 채용시즌이 되면 본인업무에 추가적으로 일이 생기는 것이다. 그렇기 때문에 일을 최대한 효율적이고 빠르게 하기 위해 서류전형을 진행할 때, 위에서 언급했던 것처럼 항목별 등급화를 하고 로직을 걸어 점수화 하고 선별을 한다. 경우에 따라서 HR담당자 1명이 적게는 천명에서 많게는 몇 만 명의 서류전형을 진행할 수도 있다.

그런 경우, 그 일을 맡은 이가 어떻게 현실적으로 지원자 개개인의 이력서 및 자기소개서를 읽을 수 있을까? 그건 현실적으로 불가능하다. 그렇기 때문에 시스템화를 하여 사내 기준에 부합하는 순서대로 순위를 매기고 면접 대상자를 선별한다. 일반적인 기업에서 HR담당자가 365일 내내 채용업무만 하고 있다고 생각하는 것은 큰 오해이다.

기업에서 말하는 핵심역량은 기업의 문화와 분야에 따라 아주 다양하다. 그래서 이해를 돕기 위해 L그룹에서 요구하는 인재상을 예로 들어보자.

〈 L그룹 신입사원 6대 역량 〉

대인관계 : 바람직한 매너나 예의를 갖춘다.
문제해결 : 문제해결의 기본 사고를 이해하고 적용한다.
조직이해 : 조직의 구조를 이해하고 있음을 보여준다.
글로벌 마인드 : 현지 문화 및 관습을 조사하고 대응방법을 마련한다.
의사소통 : 고객의 눈높이에 맞게 전달한다.
자기관리 : 수립한 계획을 수행한다.

L그룹에서는 신입사원이 갖추어야 할 역량을 위와 같이 6개로 정의하고 있다.

먼저 대인관계이다. 대인관계는 바람직한 매너나 예의를 갖추어 조직구성원으로서 원만한 관계를 하며 함께 지낼 수 있는 능력이다. 또한 유관부서와의 업무협조를 이끌어 내는 것을 중요한 요소로 보고 있다. 이 대인관계를 세부적으로는 협력, 경쟁, 지배, 복종 등으로 나눠 구분하기도 한다.

두 번째로는 문제해결 능력이다. 문제해결의 기본 사고를 이해하고 적용함으로써, 주어진 일을 수행하는데 있어 가장 중요한 역량이다. 실제 여러 비즈니스 상황에서 발생하는 다양한 이슈들을 대처하는데 가장 필요로 하는 역량이다. 조직내 루틴한 업무와 그렇지 않은 일로 크게 나누어 볼 수 있는데, 결국 임원으로 성장하거나 고평가 및 인센티브를 많이 받아가는 직군은 루틴하지 않은 일을 많이 하는 조직의 구성원들에 높게 편중되어 있다. 문제해결 능력이 높다고 평가받는 사람들은 문제해결 능력에 대해서도 창의적 사고능력과 실행력이 높다는 평가를 대체로 받고 있다.

세 번째로 조직의 이해이다. 조직의 구조를 이해하고 있음을 보여주며, 조직생활을 하는데 있어서 유관부서와의 관계, 조직상하 관계를 이해하는 것이다. 일을 이끌어 나가는데 있어 어떤 조직과 협업을 이끌어 내야 할지 판단하고 유관부서로부터 협업을 이끌어 내는 능력을 말한다. 대다수의 조직이 독자적으로 일을 할 수 없기에 조직에서 기본으로 요구하는 역량이다. 각 조직의 성격이 다 다르기 때문에 커뮤니케이션 방식이나, 업무를 추진하는 속도나, 강도를 다 다르게 맞춰줄 필요가 있다.

 네 번째로 글로벌 마인드다. 현지문화 및 관습을 조사하고 대응방법을 마련하는 역량이다. 한국산업은 구조상 대다수의 기업들이 수출 혹은 수입을 하는 구조이다. 또한 한국에서 생활하는 외국인 비중이 높아짐에 따라 서비스업이나 유통업에서도 필요로 하는 역량이다. 예를 들어 글로벌 마인드가 없어서 이슬람교가 대다수를 이루고 있는 중앙아시아지역에 돼지고기를 수출하는 사업 구상을 한다고 해보자. 과연 얼마나 팔 수 있을까? 중앙아시아지역에 살고 있는 외국인들은 구입을 하겠지만, 자국민들은 과연 얼마나 구입할까?

 다섯 번째로 의사소통이다. 고객의 눈높이에 맞게 전달하는 것으로서, 거래선 및 유관부서와의 커뮤니케이션을 하는데 있어서 매우 중요한 역량이다.

이태리에 냉장고를 수출하는데 거래선에서 12월에 이태리 시장에 물건을 받을 수 있도록 준비해 달라고 요청 했는데, 커뮤니케이션을 잘못해서 제품 생산을 위한 자재를 12월에 생산할 수 있도록 준비한다면 시장에 제때 물건을 대응할 수 있을까? 설마 그런 일이? 라고 생각을 할 수도 있겠지만, 대기업에서도 이런 미스 커뮤니케이션에 의한 손실이 허다하다.

 마지막으로 자기관리이다. Work & Life Balance가 강조되고 있는 이 시기에 꼭 필요한 역량이다. 개인의 시간 분배, 계획과 실행력을 관리 한다. 품질은 납기 일정에 맞게 결정된다라는 말이 있다. 똑같은 자료를 준비하는데 1시간이 있을 때와 일주일의 시간이 있을 때는 당연히 완성도가 다를 것이다. 조직생활을 하다보면 시간에 쫓겨서 제대로 수행하지 못하고 놓치는 일들이 많다. 자기관리 역량이 뛰어날수록 제한된 시간 안에 제한된 자원 활용능력을 극대화 할 수 있다. 대게 좋은 조직 책임자들일수록 이런 자기관리 역량이 발달해 있고, 조직 관리하는데 잘 적용하여 효율적으로 조직이 운영될 수 있도록 한다.

인사 담당자가 흔히 선호하는 인재상은 위와 같은 역량을 바탕으로 1.채용 포지션에의 적합도 2.인성이 바른지 3.조직 문화 어울림 4.장기근속 가능 여부 등을 중요하게 본다.

즉, 인사 담당자 입장에선 채용할 인재가 적응도 잘하며, 사건 사고 없이 다른 곳으로의 이직 등의 딴 생각을 하지 않고 오래 근무해 주는 것을 최우선으로 한다. 그렇게 기업에서 일을 할 수 있는 사람, 나아가 성과를 내주며, 함께 성장을 하여 기업전체에 공헌할 수 있는 사람이 필요하다. 이런 기업들의 니즈(needs)에도 불구하고 많은 취업준비생들은 너나 나나 할 것이 없이 기업인사 정책과는 무관하게 외국어능력 + 해외경험에만 지나치게 치중하는 경향이 강하다. 과연 기업에서 얼마나 많은 임원들이 외국어에 능통하고 해외경험을 쌓고 기업에 입사했었을까? 임원자리에 올라가신 분들의 역량에 대해서는 충분히 그 기업에서 인정해서 임원승진을 시켰고 그 자리에 계실만하다고 봐도 무방할 것이다.

기업에서 요구하는 역량 있는 인재상의 필요 역량들은 다르게 보일지라도 그 내용은 대부분 일치한다. 그 중에서도 가장 중요한 역량은 문제해결이다. 문제해결 능력에는 일을 끝까지 책임지고 마무리 하려는 책임감과 주인의식, 문제해결을 하기 위해 생각하고 아이디어를 내는 창의력

그리고 실행력까지 내포되어 있기 때문에 사회생활에서 가장 필요로 하고 중요시 여기는 역량이다.

많은 이들이 머리로는 수많은 좋은 아이디어를 낸다. 그 중 몇몇은 어쩌면 공식적인 회의자리라든지 보고를 통해서 본인의 아이디어를 밖으로 낼지도 모르겠다. 하지만 이를 구체화하고 독하게 실행하여 현실화 시키는 이는 몇 되지 않는다.

단순하게 아이디어를 내놓는 데에만 그치는 것이 아니라, 현실화할 수 있을 때야 말로 한 기업, 한 산업분야의 판도를 바꿀 수 있을 정도로 파급력이 커질 수 있는 것이다. 많은 아이디어 제품들의 탄생으로 산업의 판도가 바뀐 사례가 너무나도 많다.

아이폰으로 유명한 애플이 아이디어 제품으로 시장을 선도하고 있다는 것은 다 알고 있는 사실이다. 애플이 아이폰이라는 스마트폰을 내놓으면서 모바일 산업의 판도를 바꾸었다.

세계 최초의 자동차는 칼 벤츠에 의해 발명되었지만, 대량생산을 최초로 해내기 시작한 것은 헨리포드이다. 헨리포드가 자동차 대량 생산 시스템을 갖추고 나서 상용화한지 불과 13년 뒤 마차는 길거리에서 사라졌다.

LG전자는 스타일러라는 스팀기능을 활용해 의류의 살균, 탈취, 주름까지 제거해 주는 세상에 없던 제품을 만들어 월 2만대씩 판매를 하고 있다.
시장에 없던 수요를 창출하고 그 시장을 독점화한 사례이다. 이런 성공적인 사례와 반대로 한국의 조선업 몰락은 기업들이 안정적으로 확보한 수주물량에 안주하여 혁신적인 발전을 하지 못해서이다.
한국의 조선업은 과거 세계 1~5위에 모두 자리하고 있었지만, 차별화된 아이디어나 기술화를 꾀하지 못해 최근에는 중국 기업에 밀리고 적자에 시달리다 도산, 또는 명맥만 유지하는 실태이다.
결국 기업이 지속적으로 생존하기 위해서는 역량 있는 인재의 영입을 지속적으로 하고, 그들이 회사를 이끌고 나갈 수 있도록 기회를 주고, 육성해야만 한다. 결국 일은 사람이 하는 것이다.

위의 예는 한 분야의 산업판도가 바뀌어버린 예로 취업준비를 하는 개개인에게는 그다지 현실감 있게 느껴지지 않을 수도 있다. 하지만 실질적 문제해결 능력은 우리가 일하는 현장에서 항상 필요하며 수시로 요구되는 중요한 능력이다. 정기적인 보고를 하는데 있어서 보고내용 작성을 어떻게 할 것인지, 생산현장 혹은 영업현장에서 발생하는 갑작스러운 문제에 어떻게 대처할 것인지 등…
언제든지 현장에 있는 당신에게 요구되는 사항이다.

하지만,
환경적으로 실무에서 필요로 하는
인재의 영입은 더 어려워지고 있다.

문재인 대통령은 취임이후 일자리 문제에 대한 강한 의지를 표현하고 있다. 그러면서 블라인드 채용을 민간기업에도 확대 운영했으면 좋겠다는 뜻을 밝혔다.

블라인드 채용이란 영어 Blind와 채용의 합성어로서 인재를 채용함에 있어서, 그 자격요건으로 인위적인 학벌, 경력 등을 배제하고 인성, 적성, 기능 등을 위주로 함을 일컫는 말이다. 출신학교나 외모에 대한 편견으로 재능 있는 사람들이 탈락할 수 있다는 문제점을 지적한 것이다.

아무리 똑똑하고, 남다른 재능이 있다고 할지라도 서류상으로 증명하지 못한다면 서류전형을 탈락하기 일쑤이다.

그렇기에 많은 취업준비생들이 서류상의 증명을 위한 스펙을 쌓기 위해서 혈안이 되어 있다. 이러한 현상은 과대한 스펙 포장과 그에 따른 비용 지출의 악순환으로 계속 된다.

이런 다소 불합리한 부분을 줄이기 위해서 정부에서 블라인드 채용을 확대하려 하는 것이다.

지금 공공기관들은 블라인드 채용을 확대 하고 있다. 덩달아 많은 민간기업들도 블라인드 채용 시스템을 적용하겠다고 밝히고 있다.

하지만, 많은 취업준비생들과 기업들의 찬반이 엇갈리고 있다. 스펙도 능력이라고 반대하는 이들과 능력 중심의 공정한 평가가 필요하다고 지지하는 이들이다.

블라인드 채용을 시작한 기업들에선 학력, 가족관계 등 개인적인 내용을 명시할 수 없게 됐다. 성별 차별을 금시하기 위해 인적 사항에 성별 작성란도 없어졌으며, 연령차별 금지를 위해 나이 명시란도 없다. 외모 차별화도 막기 위해 사진 부착을 금지하고 있으며, 키나 체중 같은 신체 정보, 지병 등을 기재하는 것도 금지하고 있다.

그렇게 채용방식의 변화에 따라 기존 스펙에서 높은 비중을 차지하던 학벌, 학점 외에 개인의 우수성을 입증할 요소와 실력을 중요시 하게 되는 추세이다. 하지만 아직 블라인드 채용도 완전히 자리 잡혀 있는 것이 아니라, 공공기관을 중심으로 운영 하다 보니 어떻게 그 추상적인 '실력'이란 것을 검증하는 게 적절한지 방법론적으로 확립되지 못한 상태이다.

이는 지금의 취업준비생들에게 무엇을 중점적으로 투자하고 개발해야 취업시장에서 살아남을 수 있을지 더 혼란을 가중시키고 있기도 하다.

블라인드 채용이 확대 되면서 많은 취업전문학원이나, 취업강사들은 마치 기다렸다는 듯이 NCS(National Competency Standards)라는 국가직무능력표준 시험, 혹은 NCS기반 면접에 대한 수많은 책들과 강의를 찍어내고 있다.

최근 분위기가 학력이나, 학점이 부족하여도 블라인드 채용 확대에 따라 NCS 인적성을 잘치고, 거기에 기반을 둔 면접화법만 잘 구사하면 채용이 될 것으로 오해들 한다.

채용에 대한 트렌드는 과거부터 항상 바뀌어 왔다. 내가 취업 준비를 하던 8년전 만 해도 국내 굴지 그룹인 삼성그룹의 인적성 검사를 기본적으로 취업준비생들이 공부했었고, 타 기업 전형에 까지 비슷하게 적용되는 것으로 이해들 했었다.

내가 안전하게 합격한 기업들이 몇 군데 생기고 나서는 테스트 차원에서 인적성 검사를 성의 없이 흔히 말로 줄 세워서 쳐본 적이 몇 번 있었다. 그리고 나는 항상 면접까지 직행, 최종면접까지 합격하기도 했었다.

또 한 번은 입사 이후에 동기들과 인적성 검사에 대해서 논해 본적이 있었는데, 인적성 검사를 굉장히 공들여 준비해서 잘 쳤었다는 이가 있는 반면에 그 흔한 인적성 검사 교재 한번 쳐다보지 않고 말 그대로 대충 쳤었다는 이들도 많았다.

정확하게 말할 수는 없지만, 여기서 우리가 알 수 있는 분명한 사실은 그들 모두 합격해서 지금 같은 직장을 다니고 있다는 것이며, 입사한 우리들은 인적성 검사가 취업합격여부에 그다지 영향을 주지 않았다는 점에 대해서 동의하고 있다는 것이다.

그렇다면, NCS기반 블라인드 채용에서 다를까? NCS기반으로 전형이 진행되는 공기업에 합격한 후배들이나 동생들에게 물어보아도 동기들과 나누었던 얘기처럼 다양한 대답이 돌아오고, 합격에 정말로 큰 비중이 있는지에 대해서는 다들 모르겠다고 답을 한다.

기업 입장에서 생각해 보라.

국가에서 아무리 블라인드 채용을 확보하라고 하고 기준을 준다고 할지라도 많은 기업들이 그동안 좋은 인재를 뽑는 경험을 해왔고 시행착오 또한 해 왔을 것이다.

인재를 뽑는 것에 대한 기준과 노하우를 분명히 기업마다 가지고 있다. A라는 기업에서는 각 직군마다 어떤 인재들을 뽑았을 때, 성과가 좋았었 다는 데이터를 가지고 그것을 기반으로 채용을 한다는 얘기를 들었다. 예를 들어 중아지역 해외영업에는 B대학 C학과 출신들이 항상 좋은 성과 를 보이더라 라든지, 기구개발 연구소에는 D학과 S자격증을 가지고 있는 이들이 빠른 적응과 성과가 좋다라든지의 빅 데이터 기반의 로직이 큰 회사들일수록 잘되어 있다고 한다.

그러니 아무리 이러저러한 채용 제도가 만들어지고 유행과 흐름을 탄다 해도 실제로 채용을 하는 기업은 그들이 원하는 중심적인 기준이 있다.

점점 힘들어지는 취업시장에서 작은 정보라도 흘려보내고 싶지 않은 취업 준비생들의 불안한 마음은 이해가 가지만,
본인들의 인생을 준비하는 중요한 길인만큼 불확실한 정보나 사회분위기에 대해서는 스스로 걸러듣고 냉정하게 판단하길 바란다.
세월호 사건을 떠올려 보자.
많은 학생들이 가만히 기다리라는 안내방송만 믿고 탈출하지 않았다가 참혹한 변을 당하지 않았는가

그 누구도
당신의 인생에 있어서 중요한,
이 먹고 살기 위한 취업을 책임지지 않는다는 것을
인지하자.

부모님 세대 (70,80세대)는 개개인의 개성과 존엄성이 중요시되기보다는 획일화가 강요됐던 시대였지만, 적어도 취업에 대한 걱정은 지금보다 덜했던 시기였다. 대학교만 나오면 취업이 보장됐었던 시대였다고들 한다. 선배 부장님들의 말씀을 들어보면, 대학만 나오면 흔히 말하는 대한민국 대표기업들 중 하나를 골라서 취업하던 시기였다고 한다.

허나, 시대는 변했고 바야흐로 타인의 개성도 존중해주는 시대로 변모하고 있으며, 기업의 조직문화 역시 다양한 개성의 구성원들을 인정해주는 분위기로 탈바꿈하고 있다.

그럼에도 지금 우리의 취업시장은 바늘구멍 들어가듯, 점점 좁아지고 힘들어지고 있는 시기다.
뉴스에서는, 취업 준비생의 절반 가까이가 10개 이상의 기업에 입사지원서를 냈고, 그 중 75%가 서류 통과도 한 번 못해 봤다고 한다.
게다가 취업시장에서 홀대 받는 문과를 빗대어 "문송합니다" = 문과+죄송합니다. 라는 의미의 신조어까지 탄생하고 있다.

그렇다, 시대가 변모해서,
1) 경쟁이 더 치열해지고 있는 것도 사실이고,
2) 부모님 세대에 비해 대졸 혹은 대학원 졸업의 고학력 구직자가 많아지다 보니, 공급과 수요의 밸런스는 무너지고 신기술개발로 인해 인력이 필요한 자리마저 줄어들고 있는 실정이다. 아마도 향후 5~10년 뒤는 더욱 취업이 힘들어지지 않을 하는 우려 섞인 목소리들도 여기저기서 나오고 있다.
여기서 나는 짚어보고, 함께 고민해 봤으면 하는 부분이 있다. 개개인의 패션이나, 성격에 대한 부분에 대해서 개성이 강해진 것은 사실이다. 하지만 취업 시장을 두드려야 하는 지금 취업준비생들의 스펙은 얼마나 차별화 되었고, 독특한 이력을 가지고 준비하는 이들은 과연 얼마나 있을까? 하는 점이다.

대한민국을 이끌고 있는 대표적인 기업들 (삼성전자, 현대자동차, 엘지전자 등..)이 대부분 제조기업이다 보니, R&D를 중요시 여기고, 이공계 출신에 대한 수요가 높은 것도 사실이다. 이에 반해 인문사회계열 전공자들이 졸업하고, 취업할 때가 되어서 취업이 어렵다는 이유만으로 과를 잘못 선택했다고 얘기하는 것 또한 개인적으로 참 안타깝게 생각한다.
인문 사회계열 전공자임에도 불구하고, 글로벌 IT기업 Google에서 종횡무진 활약하고 있는 김현유 전무와 김태원 상무를 보면, 남들과 다른 경험을 통해 스펙의 차별화를 어떻게 꾀했는지 알 수 있다. 이들은 보는 관점에 따라 약점으로 보일 수 있는 부분을 충분한 강점으로 승화시킨 케이스다.
혹, 어떤 이들은 김태원은 고려대를, 김현유는 연세대를 졸업했기 때문에 취업이 잘 된 것이다 라는 식의 질투와 시기 섞인 목소리를 내기도 하지만, 서울대 연고대와 같은 흔한 말로 SKY그룹의 명문대를 나와서도 취업시장에서 천대받고, 사회생활에서도 치이는 사람들이 많다. 즉 성공도 실패도 자기하기 나름이다. 학력이 절대적인 것이 아니다.

김현유 전무는 역사학전공자이다. 흔한 말로 대표적인 "문송합니다 = 문과라서 죄송합니다." 학과 출신이다. 그는 삼성전자 모바일 해외영업 직군에서 처음 직장생활을 시작하였다.

취업 전, 이미 4개의 회사에서 인턴경험을 쌓았고, 신입사원이지만, 경력사원 같은 인턴쉽 경험을 했고, 해외영업을 하기 위해서 어학능력 뿐만 아니라, 그 나라 역사와 문화를 이해해야지, 그 시장을 경쟁자들 보다 더 빨리 더 잘 이해하고 거기에 맞는 영업 전략을 펼칠 수 있다는 논리와 스토리 라인을 세워 취업의 문을 열었다.

약점이 되는 것을 오히려 경쟁 차별화 포인트로 이용한 예이다. 뿐만 아니라 그는 그가 쓴 책 제목처럼 '꿈을 설계하는 힘'을 모토로 삼성전자에서 경력을 쌓으면서도 더 큰 시장으로의 진출을 위해 퇴근 후 독서실에 가서 MBA 입학시험을 준비했다.

직장을 다녀본 사람들은 알 것이다. 업무퇴근 후 자기개발을 위해 시간을 쏟는다는 것이 얼마나 어렵고 힘든 일인지를, 하지만 그는 강한 실행력으로 자신의 꿈을 위해 움직였고 그렇기 때문에 오늘날 누구나 꿈꾸는 글로벌 기업의 전무자리까지 올라간 것이 아닐까 한다.

서류전형을 통과해야 하다 보니, 전공학점 / 영어성적 / 자격증 / 인턴경험 / 공모전 수상이력 / 대외활동 경력 등과 같이 남들이 다 준비하는 부분에 대해서 기업에서 요구하는 조건 이상은 당연히 갖춰야 한다고 생각한다. 아울러 남들이 다 하는 부분에서 아주 특출 나든지 혹은 남들과 구별이 되는 차별화된, 그 무엇을 추가 옵션으로 장착을 해야 한다. 그렇지 않고서 어떻게 경쟁우위를 차지할 수 있겠는가?

인문사회계열의 취업준비생들을 보면, 훌륭한 어학점수와 어학연수 경험이 있는 친구들은 흔하지만, 공모전 입상 경력이 있는 사람은 아직도 소수에 불과하다. 그래도 예전에 비해서는 많이 증가한 편이고, 계속 증가 추세이다. 이것은 반대로 예전에 비해서 희소성이 떨어지고 있다는 말이기도 하다.

대외활동으로서의 기업 홍보도우미나 서프터즈도 기업에서 효율성 측면에서 많이 뽑고 있다. 최근 공모전과 더불어 많은 기업들과 기관들이 주로 대학생들을 대상으로 해당 기업의 서포터즈란 이름의 대외활동 모집을 많이 하고 있는데, 소정의 기념품과 해당기업을 간접적으로 경험해 볼 수 있는 프로그램을 제공하고 대학생들로 하여금 해당 기업을 홍보하기 위한 활동을 하도록 하는 것이다. 대학생들은 이러한 대외활동 경력을 이력서에 스펙으로 활용하고 있다. 기업들은 이렇게 모집한 서포터즈들을 통해서 SNS와 온라인에서 저렴하게 기업의 마케팅 활동을 하고 있는 것이다.
또한 각 대학교 별 혹은 지역별로 서포터즈를 뽑아서 오프라인으로도 기업 이미지 강화 활동을 하는데 많이 이용하고 있다. 취업준비생들은 취업을 위해 이런 경험들을 많이 쌓고 있지만, 실상은 기업 측에서 저렴한 홍보수단으로 활용되고 있을 뿐이다.

 많은 기업과 기관들에서도 공모전을 많이 진행하고 있다. 이는 취업활동을 위해 대학생들의 공모전에 대한 관심이 높아짐에 따라 질 좋은 아이디어를 저렴하게 얻을 수 있기 때문이다. 한마디로 기업 입장에선 적게 투자하고 최대한의 효과를 볼 수 있는 방법 중 하나인 것이다. 실제로 공모전을 지원해보면, 아이디어의 소유권이 기업으로 이전된다는 내용에 대한 동의서를 반드시 제출하도록 되어 있다.

공모전의 원래 뜻은 공개 모집한 작품의 전시회이다. 하지만 현대사회에서 대학생 혹은 일반인들을 대상으로 마케팅, 광고, 디자인, 아이디어, 제품 기획 등.. 거의 모든 분야로 확대하여, 특정한 주제의 아이디어, 기획, 작품 등을 심사하여 상금 혹은 상품 등 특전을 제공하는 콘테스트로 자리 잡혔다.

예를 들어 신제품을 새로 발매하는 화장품 회사에서 새로 내놓은 제품에 대한 마케팅 전략이 없고 시장을 잘 모를 시, 공모전을 통해서 다양한 아이디어들을 얻을 수 있다. 내부 인력을 통한 성과를 내는 것이 아니라 일종의 아웃소싱을 통해서 성과를 창출하는 것인데, 내부 인력은 내부 인력대로 기존의 하던 업무를 하며, 저렴한 비용(공모전 시상금 및 공모전 홍보비용)으로 최대의 성과를 낼 수 있어서 최근 많이 활용하고 있다. 물론 일부 공모전은 취업특전을 제공하기도 한다.

이렇듯, 분명한 것은 나 역시 자기소개만 잘 쓰면 되는 줄 알았다. 그러면 서류전형을 통과할 수 있을 줄 알았다. 하지만 현실은 그렇지 않았다. 그렇게 공들여 써낸 자기소개서를 면접 직전에나 면접관들이 한번 볼까? 한다는 사실부터.. 수많은 취업전문가들이 말하는 인적성검사를 수능시험 보듯 완벽하게 준비하여 치르면 부족한 학력이나 학점, 어학성적들을 충분히 커버되어질 것으로 믿었는데 이 또한 대세에 큰 영향이 없는 것 같고....

그렇다면 어디서나 절대적으로 서류전형을 통과할 수 있는 스펙이나 방법은 없는 것 일까?

제2장
나의 차별화 포인트는 무엇일까?

"이번에 받은 우리 신입사원들은 정말로 하나같이 대단한 친구들 밖에 없습니다. 이 친구는 특허를 몇 개나 가지고 있어요. 머리가 아주 비상한 친구에요."

실제로 R&D직군에서 특허를 출원해 보고, 등록까지 해 본 이들은 특허가 정확히 무엇인지 알고, 실체를 잘 알고 있기 때문에 특허의 수준에 따라 가치가 천차만별이란 것을 너무나 잘 알고 있다. 그럼에도 불구하고 신입사원이 특허를 출원해 본 경험이 있고, 나아가 특허등록까지 했다고 하면 우선 굉장히 높은 점수를 준다.
왜냐하면 뭔가 아이디어를 내는 것도 쉽다면 쉬울 수도 있지만, 어려운 일이고, 무엇보다 그것을 구체화하여 서류상으로 만들어 등록하는 과정까지가 사무적으로 할 일이 굉장히 많기 때문이다. 그래서일까 요즘도 특허를 가지고 있다고 하면, 우선 신입사원 채용 때도 그렇고 입사를 했을 때, 이 친구가 뭔가 대단한 성과기여를 해 줄 것이라는 기대치가 높다. 특허라는 말 자체에 이미 '창의적이다', '머리가 좋다', '머리가 비상하다', '생각하는 시고가 남다르다' 등의 의미를 내포하여 받아들이기 때문이다. 즉 기업에선 누구나 똘똘한 친구를 받고 싶어 하는데, 특허가 있다고 하면 바로 그런 사람이라고 인지한다는 것이다.

우선 그러면 여기서 기업에서는 어떤 인재를 받고 싶어 하는지 다시 한 번 짚어보고 넘어갈 필요가 있다. 채용시장도 수요와 공급관계가 형성이 되기 때문에 기업에서 뽑고자 하는 인재상에 맞춰 나를 어떻게 차별화 하여 판매(채용)할지가 중요하기 때문이다.

예로 앞장에서 언급했었던 L그룹 신입사원 6대 역량에 대해서 다시 한 번 살펴보자.

〈L그룹 신입사원 6대 역량〉
대인관계 : 바람직한 매너나 예의를 갖춘다.
문제해결 : 문제해결의 기본 사고를 이해하고 적용한다.
조직이해 : 조직의 구조를 이해하고 있음을 보여준다.
글로벌 마인드 : 현지 문화 및 관습을 조사하고 대응방법을 마련한다.
의사소통 : 고객의 눈높이에 맞게 전달한다.

자기관리 :
수립한 계획을 수행한다.

잘 모르는 사람이 보아도 어느 역량하나 없어서는 안 될 것 같고, 다 중요해 보인다. 하지만 현실적으로 입사지원 채용 프로세서상 위 6개 역량을 다 언급하긴 쉽지 않다. 먼저 대인관계 같은 경우 실제로 생활해보지 않고서 이 사람의 대인관계 능력이 어떤지는 알지 못한다. 기업에서는 이 지원자의 이력을 보고 면접 시, 몇 마디 나누어 보고 추정을 할 뿐이다. 사실 대다수의 지원자들이 가장 증명하기 어려운 부분이다. 조직이해 역량도 마찬가지다. 기업에서 조직생활을 해보고 유관부서와 업무 공조를 해보지 않고서는 이 지원자가 얼마나 빨리 조직을 이해하고 적응하여 조직을 활용해서 일을 할 수 있을지도 미지수이다. 글로벌 마인드는 대체적으로 해외생활을 해본 이력으로 추정을 할 수 있다. 어렸을 적 부모님 따라 해외에서 생활을 오래 했다든지, 학교를 해외에서 다녔을 경우 해당 체류했던 국가에 대해서는 잘 알 것이라고 생각한다.

의사소통 능력과 자기관리 능력 또한 평가하기 참 모호한 것은 마찬가지다. 면접 때, 말을 굉장히 잘 했다가도 실제 채용해서 보면 말수도 없고, 커뮤니케이션하기 어려운 친구들이 허다하다. 실제로 내 동기 중에 한명도 내 옆자리에서 면접 볼 때, 눈부신 입담과 재치로 면접관들의 관심을 한 번에 사로잡아 버렸었다. 하지만 실제로 입사 이후 이 친구만큼 내성적이고 조용히 지내는 친구도 없다. 그 때 당시 면접관이셨던 분은 조직에 활력소가 되어줄만한 막내가 필요해서 이 친구에게 높은 점수를 주었었는데, 사기 당한 것 같다라고 표현을 하시기도 한다.

그만큼 신입사원 뽑는 것도 어렵고, 검증하는 단계가 쉽지 않다는 것이다. 실제로 면접관으로 들어가는 팀장급 선배들에게 어떤 신입사원을 뽑길 원하시는지에 대한 질문을 했을 때, 똘똘하고 행동이 빠릿빠릿한 친구들을 선호한다는 얘기가 가장 많다.

이 니즈와 가장 부합하는 역량이 문제해결 능력이다. 문제해결 능력이라 하면, 뭔가 대단한 문제를 해결할 수 있는 능력을 요구하는 것처럼 오해하기 쉽다. 하지만 신입사원 수준에서 말하는 문제해결 능력은 상사가 시킨 일을 수행하는 실행력과 더불어 실행하는 과정에서 무조건 물어보고 시키는 대로만 하는 것이 아니라, 본인이 중요치 않은 부분에 대해서는 판단해서 일을 추진할 수 있는 능력을 포함하고 있다.

상상해보자. 신입사원이 하나 들어왔는데, 내가 일을 시킬 때마다, 행하는 과정 하나하나를 일일이 물어보고 일을 추진한다면 어떻겠는가? 일단 내 일이 진행이 안 될 것이고 알게 모르게 스트레스를 신입사원으로부터 받지 않을까? 문재인 정부 출범이후, 주52시간 업무를 추진하면서 무작정 사무실에서 일을 할 수 없는 상황이 되었다. 업무양은 줄지 않고 근무할 수 있는 시간만 줄었기 때문에 일을 더욱 효율적으로 빠르게 할 수 있는 역량을 요구하고 있다. 그렇기 때문에 신입사원 핵심 역량 중, 문제해결 능력에 대한 중요도가 더욱 높아지는 것이다. 일도 빨리하며, 최대한 효과까지 볼 수 있도록 말이다.

기업실무자가 아니고서는 이런 내부에 흐름이나 돌아가는 정보를 잘 알기 어렵다. 그래서 요즘 많은 똘똘한 대학생 혹은 취업준비생들이 졸업한 선배들을 모시고, 취업특강 혹은 정기적인 취업스터디를 통해서 취업준비를 어떻게 했고 전형절차가 어떠하였는지부터 면접까지… 또한 선배가 일하고 있는 회사는 어떻게 돌아가는지에 대한 것들을 많이 얻을 수 있다.
정보화시대, 정보력이 경쟁력이라 불리는 시대에서 기업 내부에 실제 근무를 하고 있는 선배들이 주는 정보만큼 확실하고 좋은 것은 없다.
그래서 취업률이 좋은 대학일수록 마치 부의 대물림처럼 내부정보를 많이 물려주고 또 그렇게 들어간 신입사원들이 성장하고 대학 후배들에게 또다시 정보를 물려주고 본인들의 후배들이 많이 들어올 수 있도록 기여를 한다.

지방대 출신들이 이런 부분에서 점점 더 어려워지는 것이다.

단순하게 공급과 수요관계의 논리로 계산을 해 보아도 졸업자 수는 매년 정해져 있고, 거기다 취업 못해서 취직을 재수 삼수하는 선배들도 있어 그것까지 누적되면 실제 취업을 해야 하는 인력 공급자들은 늘어만 간다. 하지만 경기가 매년 어려워지고 국제 정세와 환차 등의 영향으로 국내 일자리들은 점점 줄어만 가니 서울 상위권 대학 졸업자부터 취업이 된다고 계산하면 지방대 졸업생에게는 기회가 그만큼 적어진다.

게다가 위에서 언급했던 것처럼 정보력에서 뒤쳐진다면 취업경쟁력은 더욱 떨어질 수 밖 에 없는 구조가 된다. 가끔 지방대생들 취업스터디를 들여다보면 참 안타까운 광경을 자주 접하게 된다. 취업준비생들끼리 모여서 열정으로 취업스터디를 하는 것은 좋다. 하지만 무엇을 준비해야 하고, 어떻게 해야 하는지 모르다 보니 자기들끼리 소설을 쓰고 엉뚱한 방향으로 나아가는 경우가 허다하다. 극단적으로 비유하면 코끼리 한번 보지 못한 장님들끼리 모여서 코끼리 꼬리를 만지며 이게 코라고 상상하는 것과 비슷한 느낌이다. 본인들이 가지고 있는 특장점 중 차별화 포인트로 가지고 가기 위해서는 현 취업시장에서 필요한 인재에 대한 정의와 트렌드를 아는 것부터 시작이다.

요즘 신입사원들은 이렇더라

그러면 요즘 들어오는 신입사원들은 어떤가? 그 니즈에 부합하는 이들이 들어오고 있는가? 요즘 들어오는 신입사원들을 보면, 다양하면서도 대단한 친구들이 많다. 크게 3가지 종류로 분류를 할 수 있다. 첫째로 스펙 대 스펙 싸움에서 살아남은 초 고스펙자 집단, 두 번째로 상대적으로 경쟁률이 낮은 의무 혹은 특수채용 집단. 세 번째로 기타 별종들이다.

먼저, 대다수의 취업준비생들이 경쟁하고 있는 일반적인 채용에서의 스펙 vs스펙 싸움으로 뽑힌 친구들을 보자.

이들을 다시 나누면 영업, 회계, 기획 같은 스텝 부서로 대부분 채용되는 인문사회계열 전공자 집단과 주로 R&D직군, 생산, 자재 최근에는 기술영업 직군까지 영역을 넓히고 있는 이공계열 전공자 집단으로 나뉜다. 이들 집단은 과거 혹은 불과 몇 년 전보다도 스펙이 더욱 상향화 되고 있다. 기업에서는 신입공채를 대학 졸업생 혹은 취업준비생 보다 훨씬 줄이기 때문이다. 앞으로도 더욱 스펙이 상향화 될 것이다. 인문사회계열은 국내/해외 최상급 대학 출신자들이 대다수며, 과거에는 고득점대의 어학성적 보유자들이 많았으나, 최근엔 어학성적을 불문하고 실제 회화 능력이 원어민 못지않은 친구들이 많아졌다. 이공계열 경우도 과거에는 지방사립대를 나올지라도 기계과, 전자공학과, 화공과를 나오면 대기업 취업의 기회가 많았다. 하지만 최근 채용자들 중에 지방사립대 출신을 찾아보기 어렵고, 지방국공립대 출신들만 겨우 볼 수 있는 수준이다. 대다수의 취업준비생들이 아마 이 영역에서 스펙vs스펙 싸움을 해야 할 것이다.

두 번째로 의무 혹은 특수 채용집단이다. 이게 무슨 말인가 확 와 닿지 않을 것이다. 기업에서 신입 공개 채용을 할 때, 특수한 직군에 대해서는 자격요건을 갖춘 사람들 중에서만 경쟁을 하여 뽑는 경우가 있다. 그렇기 때문에 상대적으로 경쟁률이 낮다.

예를 들어, 회계사 같은 경우 기업에서 내부 감사 등의 이유로 회계사 자격증을 가진 인원을 최소 몇 명이상 운영을 해야 한다. 변호사와 같은 전문가 격증 외에도 기업에서 각 사업장 마다 간호사도 채용을 해야 하며, 심리상담사도 채용을 해야 한다. 특히 각 제조라인이 있는 사업장에서는 안전과 관련된 자격증을 가진 이들을 의무로 몇 명 이상 채용하여 사업장에서 근무를 하고 있어야 한다. 또한 이런 전문 자격증, 전문 직군과 별개로 기업에서 국가로부터 세무적인 혜택을 얻기 위해서 장애인이나 국가 보훈대상도 우선적으로 채용을 한다. 실제로 우리가 함께 생활하고 있는 동료들 중에 크게 불편하지 않고 표시나지 않는 장애를 가지고 있는 이들이 종종 있다. 이 집단은 수요대비 자격을 가진 이가 적기 때문에 상대적으로 일반적인 채용 집단 보가 입사 경쟁률이 월등히 낮다. 그렇기 때문에 본인이 이 집단에 해당되는지 확인해 볼 필요가 있다. 의외로 많은 이들이 채용 가산점 혹은 특별 채용 대상자임에도 모르고 언급을 하지 못해서 불필요한 경쟁을 하기도 한다.

세 번째로 별종 집단이다. 채용을 할 때, 필수자격요건이란 것이 있다. 대부분 기업에서 기본적으로 요구하는 것들이 4년제 대학 졸업자, 학점 얼마 이상, 어학성적 얼마 이상, 마지막으로 외국여행에 결격 사유가 없는 자 등이다. 이런 기본적인 자격을 갖추지 못했음에도 전문가로 인정을 받아 특수채용 되는 사례가 꽤 있다. 예를 들어 최근 디지털 마케팅이 부각되고, 이 분야가 짧은 시간에 급격히 발전함에 따라 기업에서 경력직으로 이 분야 경력자를 모집하기도 했다. 이들 중, 자신이 운영하는 1인 유튜버의 유명세나, 인스타그램, 페이스북, 블로그와 같은 SNS 활용 능력이 특화된 인플런서들이 채용되는가 하면, 고등학교도 안 나왔지만 판매사원으로 대단한 실적을 보여 그 능력을 인정받아 판매사원을 육성하고 교육하는 업무를 하는데 채용되기도 한다.
유튜버로 유명한 대도서관 같은 경우도 유튜버로 전향하기 전 SK그룹에 특수하게 채용되어 근무했던 이력이 있다.

최근 들어온 신입사원들 중에는 이 외에도 본인만의 캐릭터가 분명한 별종들이 많다. 디지털 싱글앨범을 낸 경험이 있는 가수도 있으며, 책을 집필

한 저자도 신입사원들 중에 꽤 있다. 위에서 언급했던 SNS 전문가라 불릴 정도의 수준의 사람들은 너무나 흔하며, 어렸을 적 비영어권의 해외생활을 해서 그 지역에 대해 반 전문가라 불릴만한 이들도 많다. 그 친구들은 그 국가에 대한 문화와 특성뿐만 아니라, 언어까지도 구사할 수 있다.

멀리서 찾을 필요도 없이 내가 대구에서 셀아웃 마케터 근무를 할 때, 함께 생활했던 후배 녀석 하나는 유튜브에서 소개팅을 해주는 프로그램의 운영자였다. 꽤나 많은 구독자를 거느리고 있었고, 그 분야에 대해서 굉장히 박식했다.

그 외에도 학교를 다니며 작게는 동내 고기집에서 벤처기업까지 개인사업을 해본 다양한 경험을 가진 친구들도 많다.

대부분의 기업의 R&D 직군 혹은 개발자들 중에는 이미 취업준비생 시절 혹은 대학생 시절부터 무언가를 만들어보거나, 프로그래밍 해 본 경험을 바탕으로 포트폴리오를 만들어 그것으로 취업을 할 때, 본인의 차별화 포인트로 활용하는 이들이 있었다. 또한 디자인 같은 눈에 보이는 결과물이 필요한 분야는 수상경력 외에도 본인의 포트폴리오가 입사지원 시 당연시 요구된다.

정확한 수치를 낼 수는 없겠지만, 신입으로 들어오는 비중으로 보면, 별종 집단이 가장 적을 것이다. 하지만 별종집단에 속한 신입사원들의 입사 후, 조직적응력과 실제로 일을 해 나가는데 있어서의 실행력이나 성과가 다른 집단에 속한 이들보다 높을 것이라고 주장한다.

이미 무엇이든 만들고 직접 해본 경험 즉, 성공체험을 검증 받고 이 부분을 높게 평가 받아 입사한 친구들이다. 다들 신입사원이라고 하지만, 이들은 사실 신입사원의 탈을 쓴 경력사원에 가깝다. 그런 맥락에서 기업에서 신입사원을 채용할 때, 순수 신입사원 보다 신입공채로 지원은 했지만, 경력이 있는 친구들에게 더 높은 점수를 주는 것이다.

어쩌면 이런 경우 외에도 많은 취업준비생들이 자신만의 전문분야나 영역을 이미 가지고 있음에도 취업에서 활용을 못하는 경우가 허다할 것이다. 나도 수많은 시행착오를 겪으면서 깨닫기 전까진 내가 무엇을 가지고 있고, 무엇으로 남들과 차별화가 되는지 알지 못했다. 지금도 대부분의 취업준비생들이 정작 본인이 가지고 있는 스펙과 자기소개를 연결시키지 못하고 있다. 그렇다보니, 자기소개는 모두 다 하나같이 서류상의 근거 없이 비슷한 주장만을 하고 있다.

- 저는 성실한 인재입니다.
- 저는 학창시절 내내 개근을 하였습니다.
- 저는 포기를 모르는 사람입니다.
- 저는 꼼꼼합니다.
- 저는 끈기가 있습니다.
- 저는 리더십이 강합니다.
- 저는 유복한 가정에서 태어났습니다.
- 저는 화목하게 자라 성격이 무난합니다.
- 저는 몸이 건강합니다.
- 저는 귀사를 위해 헌신할 준비가 되어 있습니다.
- 저는 어렸을 적부터 귀사에 입사하는 것이 꿈이었습니다.

등…

서류상 증명할 수 있는 것 하나 없이.. 면접장에서 만나면 대부분 이런 비슷한 자기소개를 하고 있다. 그렇다면 왜 고스펙자들을 뽑을 수밖에 없을까?

아주 간단하다.

획일화 되어있고, 스펙에 개성이 전혀 없기 때문이다. 스펙에 개성이 없다는 말은 그 지원자로부터 기대되는 역량도 사실 특별할 것이 별로 없다는 것이다. 그러니 비슷비슷한 친구들 사이에서 이왕 뽑을 거면 학교도 더 좋은데 나왔고, 학점도 더 좋고 어학성적도 더 좋은 친구를 뽑는 것이 당연한 것 아닌가?

별종들을 왜 뽑을까?

그렇다면 스펙과 상관없이 별종들은 왜 뽑을까?
거기에는 기업마다 환경이나 여건에 따라 여러 이유가 존재한다. 우선 공통적으로 최근 몇 년간 신입사원 퇴사율은 어느 기업 할 것 없이 높아만 간다. 최근 취업을 준비하는 세대의 친구들과 기업문화와의 거리감도 더욱 커져 그로인해 조직생활 적응에 실패하는 경우가 많다.
예를 들어 최근에 타 기업에서 입사한지 얼마 안 되는 신입사원에게 화분에 물을 주라고 했더니 퇴사를 했다고 한다. 이유는 화분에 물주기 위해서 이 회사에 입사한 게 아니기 때문이라는 것이다. 어쩌면 그 말도 일리가 있을 수 있다. 하지만 본인이 조직에서 가치 있는 사람으로 인정받기 전까지는 급여를 받아가는 것에 대한 최소한의 도리로서 공동생활의 환경관리 차원에서 그 정도는 할 수 있다고 생각한다.

반면 요즘 신입사원으로 들어오는 친구들이 자기주장이나 생각이 분명하고 강하게 가지고 있다는 이야기도 된다.

또한 많은 친구들이 워라벨(Work and Life Balance)를 중요시 여겨 업무강도가 높은 일자리보다 공무원 같이 급여가 상대적으로 낮더라도 근무시간이 명확한 일자리를 선호하는 경향이 강해지고 있다. 회사 일 관계로 야근을 단체로 몇 번 했다거나 주말에 출근할 일이 있어서 특근을 한두 번 경험하고 나면 퇴사를 해버리는 신입사원들을 많이 보게 된다.

두 번째로 대다수의 신입사원들은 취업 후 바로 전력화 하는데 시간이 필요하다.

흔히 3년은 투자하는 기간이라고 표현을 할 정도로 조직을 이해하고 제 몫을 해주는데 시간이 필요한데, 이에 반해 기업 환경은 점차 경쟁이 심화되어 그렇게 기다려줄 여유가 없이 바로 성과를 요구하기 때문이다. 그렇게 기다려주지 않는 기업에서의 압박을 견디지 못하고 나가는 친구들도 많다.

이런 친구들 대부분이 면접에서 '나는 성실합니다.', '나는 끈기가 있습니다.'라고 자기소개 했었던 친구들이다.

이런 점들에서 채용당시 스펙위주로 뽑은 친구들이 뽑을 때의 평가 받았던 것과는 다르게 예상치 못한 실망스러운 행보를 보이는 경향이 점점 많아지니, 별종들에게 기회를 주는 것이다. 별종들이 잘만 적응해 준다면 요즘 말로 대박치는 경우가 종종 있기 때문이다.

게다가 본인의 캐릭터가 분명하고 본인이 스펙으로 내세운 이력서 상의 전문성이 분명하기 때문에 잘 적응하면 업무에 대한 애착도 높고 성과는 물론이거니와 장기근속 할 가능성이 높기 때문이다.

마케팅에서 실제로 많이 쓰는 *SWOT분석을 통해서 최근 별종으로 취업한 한 친구에 대해서 얘길 해 보자.

*SWOT분석은 자신의 강점(Strength), 약점(Weakness), 그리고 외부의 요인 중 기회(Opportunity)가 될 수 있는 것과 위기(Threat)가 될 수 있는 것으로 나누어서 상황분석을 하고 이를 토대로 경영전략을 수립하는 방법론이다.

SWOT분석

S	마케팅 공모전 입상경력 인스타그램 10만 Flow계정 운영 디지털 마케팅회사 인턴경력	O	최저시급 상승 블라인드채용 확대 주 52시간 확대
W	학력 어학능력	T	불경기로 인한 신입채용 축소

여기 한 친구가 있다. 본인만의 영역과 역량이 분명한 친구이다. 하지만 세상적인 스펙인 학력과 어학능력이 떨어진다. 그래서 일반적인 공채에 많이 불리하다. 하지만 최근 최저시급을 포함한 인건비가 전반적으로 많이 오르고 있고 주52시간이 확대됨에 따라 기업에서 인건비 축소를 위해서 신입사원을 최소화로 뽑고 대신에 경력사원으로 그 자리를 대체하고 있다. 이런 최근 취업시장의 변화 덕에 대한민국 굴지의 기업 한곳에 디지털 마케팅 직군으로 신입채용이 되었다. 기업입장에서도 경력자보다 저렴한 신입사원 인건비를 주며 채용하였지만 무늬만 신입사원이었지 이미 이 친구는 디지털 마케팅이라는 분야에 대해서 어떤 회의에 들어가도 무슨 대화가 오가는지 다 이해할 수 있는 수준일 뿐만 아니라, 전반적인 디지털 마케팅 전체흐름에 대해서도 이해를 하고 있기 때문에 더 빨리 전력화 될 수 있을 것으로 채용되었다. 이런 것이 자신만의 차별화 포인트를 잘 살려 취업을 한 예라고 할 수 있다.

이렇듯 시대가 변하고, 여러 다양한 개성과 차이를 가진 사람이 인정을 받는 것처럼 취업에도 여러 길이 있다. 제일 중요한 것은 별종이 되든, 미리

미리 고스펙을 준비하든 지금 자신의 상황에서 최대한의 방법을 찾아 준비해야 한다는 것이다.

우리는 특별한 능력을 가진 별종도 아니고 그저 성실히 살아왔다고 생각하는 보통 사람이다. 필자가 가지고 있는 특허 역시 처음부터 취업을 위해 특허라는 포인트를 찾아 장점으로 부각시켜보려 준비한 것이 아니었다.

10여 년 전, 우리는 밤 10시면 어김없이 자취방에 모여 아이디어 회의로 열띤 토론을 하며 밤을 지새우곤 했었다. 학부생일 때 못 해봤던 공모전이 한이 되어 대학원 석사과정 때 마음에 맞는 친구들과 여러 공모전을 도전하였었다.
사실 대부분이 공모전 주제와 상관없이 물건이나 서비스를 사용하며 불편한 점들과 개선했으면 하는 것들에 대해 논의하고, 좋은 아이디어들이 나오는 것들은 계속 발전 시켜 나가는 형태로 토론식 아이디어 회의를 해 나간 것이었다. 그렇게 아이디어를 모아 출품한 초창기 공모전은 항상 탈락이었다.

지금 생각해 보면 취업문을 두드릴 때, 처음에는 왜 떨어지는지 몰랐던 것처럼 공모전 출품 때도 어떻게 해야 하는지를 모르고 막무가내 식으로 출품하기 급급했던 것 같다. 그렇게 지속적인 시행착오를 하던 중, 우리는 이 아이디어들로 특허를 내보면 어떨까 라는 생각이 들기 시작했다. 특허의 '특'자도 몰랐던 시절이었다.

당시 우리들은 어떻게 특허를 출원할 수 있을지 고민하고 정보만 찾다가 이러지 말고 변리사 사무실을 찾아가보자는 것으로 결론을 내렸다. 비싼 수업료를 내더라도 어떻게 이 과정이 이루어지는지 배우고 결과물을 만들어내는 것이 더 중요했기 때문이다. 그리고는 그 주 토요일 경상도 사투리가 심한 두 녀석이 역삼동에 내려 문이 열려 있는 특허법인을 무작정 찾아갔다.

"저희 아이디어를
특허로 내려면 어떻게 해야 하나요?"

우리의 첫 특허 출원의 시작이었다.

이것은 몇 년 후 취업을 준비하는 우리에게 있어서 남들과 확연히 차별되는 나만의 취업 보증수표가 되었다.

특허는 우리에게 있어서 문제해결 능력을 스펙화한 최초의 인증서였다.

특허를 준비하는 이 과정에서 우리의 문제를 인지하는 능력, 그 문제를 해결하는 능력, 변리사부터 특허청에 이 일련의 과정을 설명하고 전달해 주는 커뮤니케이션 능력, 마지막으로 문제인지에서 시작했던 것을 특허증까지 만들어내는 실행능력 등 우리의 역량을 크게 발전시켜 주었다.

그런 노하우가 쌓이면 쌓일수록 더 많은 특허를 더욱 쉽게 출원 할 수 있었고, 나아가서는 이름 있는 기업이나 국책연구소에서 주최하는 공모전에도 입상하기에 이르렀다.

즉, 특허는
곧 우리의 역량을 인증해주는 자격증이 된 것이다.

특허청은
개인의 발명을 적극 권장하고 있다.

취업준비생 중에 특허권을 가지고 있는 사람이 몇 명이나 될까? 아니면 발명에 관한 경험이 있는 이는 과연 몇 명이나 있을까? 취업준비생 10,000명 중 1명 혹은 100,000명 중 1명? 정확하게는 알지 못하지만 대다수의 취업준비생들이 이것에 대한 경험이 없다. 이공계열 대학원 석사학위 이상을 가지고 있는 취업준비생들 중엔 간혹 있을 수도 있다. 그들 중 대부분은 소속되어 있었던 연구실의 선배나 동료를 통해서나 산학과제를 통해서 간접적으로 특허 출원하는 과정에 개입하거나 이름만 올렸을 가능성이 크다. 직접 어떤 문제를 발견하고 해결하여 특허출원까지 이어지는 이 일련의 과정을 직접적으로 경험해 본 이들은 거의 없을 것이다. 즉 반대로 생각하면, 굉장히 희소성 있으면서도 특별한 이력이다.

우리는 이 특별하다면 특별한 이력을 다른 이들에게도 추천한다. 특허에 관한 경험이 있는 취업준비생들은 아직까지도 굉장히 희소하다. 그렇기 때문에 남은 대학생활 동안 일상생활에서부터 시작하여 불편한 점들을 발견하고 해결하는 훈련을 통해서 특허까지 출원해 보길 적극 권장한다.

참고로 대부분 대학생들이 포함되는 그룹인 만 19~30세는 전자특허 출원할 시, 출원 수수료의 85% 감면 혜택을 받을 수 있다. 단, 출원인과 발명자가 동일인일 때만 적용된다.(만 19세 이하는 무료)

특허의 등록 및 기술이전, 사업화까진 진행을 못 해 볼지라도, 그 자체만 으로도 충분히 남들과 차별화되는 경력/경험 즉, 스펙이 될 수 있다. 나만의 스펙 차별화를 꾀해야만 취업시장에서 전략적으로 우위를 점할 수 있다는 것이다. 취업시장에서 눈에 띄는 매력적인 상품이 되어야지만 취업시장에서 우위를 점할 수 있는 것은 너무나도 당연한 사실이다.

이유야 어떻든 특허권이 1건만 있더라도 면접관들에게 당신은 매우 눈에 띄게 될 것이다. 특허 경험이 있다는 것은 곧 이 사람이 창의적인 역량이 있다라고 생각하게 만들고 나아가 이를 증명하는 것이 된다. 서류전형 과정에서도 우수성 입증자료로서 가산점을 받아 서류전형을 통과할 가능성을 높여준다.

기업이나 직무에 따라 차이는 있겠지만, 경우에 따라서는 특허권은 취업에 큰 조커로 작용될 수 있다. 간혹 특허나, 상품기획 혹은 제품개발 직군에 특채로 채용되는 경우도 있다.

면접에서도 실무자들에게 특허경험에 관한 이야기는 자신의 창의성과 문제해결 능력을 어필 할 수 있는 하나의 포인트다. 무엇보다 어떤 문제에 대해서 아이디이를 내어 특허화 한 일련의 경험은 공모전 입상 경험만큼이나 큰 우수성 입증자료이다. 많은 기업들과 기관에서 원하는 인재의 핵심역량

중에 하나가 바로 문제해결 능력이다. 특허가 곧 그 역량을 말해주는 수단이 되는 것이다.

또한 면접의 승패를 좌우하는 면접관과의 첫 대면인 자기소개를 할 때, 이런 경험을 녹인다면 면접관들에게 깊은 인상을 주어서 합격할 가능성을 더욱 높일 수 있다.

〈자기소개 예제〉

(소개)

안녕하십니까. xx대학 졸업예정자 혁신의 아이콘 XXX 입니다.

(자기소개에 대한 근거1)

여러 아이디어들로 특허를 x건 출원한 경험이 있습니다.

저는 일상생활에서 불편함을 관찰하고, 문제를 해결 하는 훈련을 습관화 할 수 있었습니다.

해결하는 훈련과 경험들을 통해 특허 x건을 출원할 수 있었습니다.

(자기소개에 대한 근거2)
공모전 x회 입상한 경험이 있습니다.
특허출원 경험들을 녹여 아이디어를 공모전에 출품하여 x회 공모전 입상 하였었습니다.

(마무리)
문제를 찾아내고 해결을 위한 아이디어만을 내는 것이 아니라, 특허란 결과물까지 만들어 냈습니다. 이런 저의 창의력과 실행력을 바탕으로 귀사에 입사하여 귀사가 성장하는데 기여하고 싶습니다.
(역량 어필)

이상입니다.

위 자기소개 예제는 내가 병역특례 취업 이후, 병원에 입원하여 약 1달 간 시간을 보내는 동안 내가 가지고 있던 특허경험을 어떻게 사용하면 백전백승 할 수 있을지 고민해서 만든 마스터 자기소개이다. 이렇게 만들어진 마스터 자기소개를 각기 다른 기업과 직군에 동일하게 사용 했었다. 나는 기본 경쟁율이 최소 100:1이라 불리던 전문연구요원(석사 병역특례 제도) 취업의 벽을 얼떨결이지만 이렇게 넘을 수 있었던 것이다. 이후, 민간인의 신분으로 돌아와 지원했던 대다수의 기업들에서도 이 방법을 정형화하여 나만의 철저한 차별화 포인트로 사용함으로써 합격할 수 있었다. 이 합격한 대다수의 대기업, 공기업, 국책연구소들에 지원했었던 직군은 영업, 마케팅, SCM, 전략기획, 상품기획, 연구개발 등… 매우 다양한 직군들이었다.

특허를 스펙화하여 입사지원서 및 면접에서 나만의 빛나는 필살기로 사용하면 영역을 불문하고 통한다는 것을 검증까지 한 셈이다.

제3장
나는 특허로 이렇게 취업했다.

"3조, 면접장으로 이동하겠습니다."

면접 대기실에 앉아 있던 나는 보고 있던 종이 한 장을 접어서 주머니에 넣었다.

나만의 강력한 무기가 이미 준비되어 있었던 터라 긴장감은 없었다. 오히려 면접관을 놀라게 해 줄 생각에 이 상황을 즐기고 있었다.

면접장 안에 들어가자 5명의 면접관이 앉아있었고 지원자는 4명이었다.

"지원자 여러분 반갑습니다. 제일 오른쪽의 지원자부터 자기소개를 시작해 주십시오."

내 차례였다.

"창의적 사고로 아이디어를 창출하는 아이디어뱅크, 지원자 구정민입니다. 저는 평소 기존의 것을 개선하고 새로운 아이디어를 생각하는 걸 즐겨했고 학창 시절 동안 10건의 특허를 출원했습니다. 저의 이러한 경험으로 H모터사의 OO업무를 수행하는 동안 항상 새로운 아이디어를 창출하고 이를 특허로 출원할 것입니다…."

면접관들의 손이 책상의 종이를 넘기느라 바빠지기 시작했다. 중간에 앉아 있는 나이 지긋한 면접관은 미소와 함께 고개를 끄덕이고 있었다.

옆에 있던 지원자는 자기도 모르게 '헉'하는 소리를 내었다.

면접시간의 절반 이상이 나에 대한 질의응답으로 진행이 되었다.

"자 그럼 지원자 한 분씩 준비해온 우리 회사에 대한 제안을 발표해주십시오."

이 회사는 면접 전 준비 아이템으로 회사에 제안할 수 있는 짧은 아이디어를 이메일로 제출하고 발표 준비를 요청했다. 아이디어의 주제는 타사의 벤치마킹이나 제품과 관련된 신규 아이디어였다.

다른 지원자들은 다양한 제품 관련 아이디어들을 발표했다. 드디어 내 차례가 되었다.

"저는 D사가 보유한 생산과 관련된 특허에 관심을 가지고 봤습니다. 이 회사는 작업자들이 사용하는 작은 연장의 특허로 출원하여 생산성을 높이는 데 기여를 하고 있습니다. 따라서 저는 귀사에 이 회사의 특허전략을 벤치마킹하는 것을 제안합니다. 제가 귀사에 입사한다면 제가 그동안 특허를 출원한 경험을 활용하여 생산성을 향상할 수 있도록 다양한 아이디어를 제안하겠습니다."

또다시 지원자들 사이에서 탄식소리가 들리고, 모든 면접관들은 나를 바라

보고 있었다.

면접 말미에 면접관 한명이 나에게 질문했다.

"제 생각에는 구정민씨는 모회사인 H자동차에도 분명히 지원을 했을 건데 왜 부품업체인 여기에 면접을 보러 오셨나요?"

생각지도 못한 질문이었다. H사에도 이력서를 내긴 했는데 어떻게 된 일인지 서류전형을 통과하지 못했었다. (훗날 서류전형을 통과하여 면접이 잡혔는데 가지 않았다. 이미 다니던 회사에 자리를 잡았으므로)

"완성차 업체도 좋지만 결국 시장의 성장성을 생각하면 핵심부품 업체인 귀사가 적합하다고 생각했습니다."

나름 급하게 생각해 낸 논리여서 조금 버벅거렸다. 그 모습을 캐치한 면접관이 계속 이어서 질문했다.

"그게 아닐껀데? 이상한데? 진짜 여기 왜 지원한거에요?"

응?응?응? 식의 질문이 이어져서 당황한 나는 소리 내서 웃어버렸다.

"더 물어보고 싶은 게 많지만 나중에 들어오면 다시 봅시다."

면접관은 자기도 모르게 합격을 암시하는 말을 해버렸다.

그렇게 면접이 끝나고 지원자 한 명이 나에게 다가와서 말을 건넸다.

"면접을 어쩌면 그렇게 잘하세요? 진짜 감탄했어요."
"아니에요. 당신도 엄청 잘하시던데요."
집에 돌아오는 내내 즐거웠다. 오늘도 즐거운 면접이었구나.
나의 취업 필살기가 있는 한 취업은 문제없으니까.
난 결국 굴지의 대기업 여러 곳에 최종합격 통보를 받았고, 어디에 다녀야 할지 행복한 고민을 했다.

특허를 출원하는 것 까지만 해도 남들과 비교했을 때, 큰 경험이고 차별화 포인트가 될 수 있다. 대다수의 취업면접, 특강을 하시는 분들은 자신만의 스토리라인으로 자기소개를 하고 면접을 보라고 한다. 나는 특허를 하나의 스토리라인으로 쓸 수 있었다.
하지만, 서류전형을 통과할 수 없다면, 그게 다 무슨 소용이 있을까? 지금부터 본격적으로 특허를 취업에 전략적으로 활용할 수 있는 방법과 예를 알아보도록 하자.

입사지원 시
특허 활용방법

특허출원은 개인의 아이디어 증명서를 세상에 공개한 일종의 선언문 같은 것이라고 볼 수 있다. 내가 어떤 아이디어가 있는데, 출원을 통해서 공개가 되면 내가 이런 아이디어의 원작자고 세상에 제일 먼저 이런 아이디어를 냈다라는 것을 선포하는 것이 된다. 즉 특허출원자의 아이디어 도출방법 및 사고를 엿볼 수 있는 하나의 장이 된다. 기업이나 연구소에서 누군가를 채용할 때, 그 사람이 가지고 있는 등록특허 혹은 출원 내용을 참조해서 볼 수 있다. 그리고 그 사람이 그 분야에 대해서 얼마나 깊은 지식을 가지고 있음은 물론이고 나아가 어떤 현상이나 문제를 바라보는 시각, 그리고 해결을 위한 논리적 사고능력이 어떤지 가늠해 볼 수 있다. 그렇기 때문에 특허는 곧 창의성, 문제해결 능력을 입증해 줄 수 있는 스펙으로 활용할 수 있다는 것이다.

다들 잘 아는 바와 같이 모든 입사지원 프로세스는 서류전형에서부터 시작된다. 서류전형을 통과해야 면접을 볼 수 있다. 대다수의 서류전형은 시스템이나 엑셀에 항목별 점수를 책정하는 로직으로 점수를 환산하여 필터링이 된다.

1장에서도 언급했던 것처럼 여러분들이 취업하고 싶어 하는 대규모의 회사일수록 HR담당자 1명이 적게는 수백 명에서 많게는 수만 명의 서류전형을 심사해야 하기 때문에 업무의 효율성을 위해 이런 로직을 적용할 수밖에 없다.

따라서 서류전형 단계에서 특허를 어필하여 필터링 로직에서 통과 확률을 높이는 것이 관건이다.

〈입사지원서 구성〉

	자격증 입력란	특허 입력란	공모전 입력란	자기소개서
1번 경우	O	O	O	O
2번 경우	O	X	O	O
3번 경우	O	X	X	O

입사지원서 양식은 기업이나 단체의 특성에 따라 조금씩 다르다. 공통적으로 자격증은 어떤 기업 또는 기관에서나 입력할 수 있는 칸이 제공된다. 또한 자기소개 입력란도 따로 제공이 된다.

■ 1번 경우 (자격증 / 특허 / 공모전 입력란이 함께 존재하는 경우)

구분	논문/특허
제목	
상세설명	*논문: 등재기관/등재일 *특허: 등록번호/등록국가/등록일

특허입력란을 요구하는 입사지원서는 대부분 기업의 연구소나 국가 연구기관에서 많이 사용된다. 연구업적 및 향후 연구실적의 하나인 특허에 대한 경험과 이해도를 판단하기 위해 요구된다. 이런 경우에는 특허의 어필을 당연히 특허 입력란에 해주면 된다.

주로 특허의 출원번호(등록번호) / 출원일(등록일) / 명칭을 입력하도록 공간이 제공된다. 이런 경우의 입사지원에서는 특허의 내용이 지원하는 연구기관의 연구 직무와 밀접한 관계성이 높을수록 서류전형의 가산점을 받기 쉽다. 반대로 대다수의 지원자들이 스펙의 차별화를 꾀하기 위해 특허를 어필 할 때는 효과가 떨어질 수 있다. 그럴 때는 가능하면 많은 특허를 가지고 있는 것이 유리하다.

■ 2번 경우 (자격증 / 공모전 입력란만 함께 존재하는 경우)

수상경력	상훈명	
	수여기관	
	수상일자	
	수상내역	
자격증	자격증명	
	발급기관	
	등록번호	
	취득일	

대다수의 입사지원서가 이 두 항목을 가지고 있다. 대부분 지원양식에서는 자격증은 3개까지만 어필하도록 되어 있다. 다양한 전문성의 자격증이 많은 경우에는 자격증 입력란이 부족할 수 있기 때문에 우선 가치가 높은 순으로 자격증을 입력해주고, 특허를 공모전 입력란에 어필해 주기를 권장한다. 공모전 입력은 공모주최와 시상일자, 공모전 명을 입력하도록 되어 있는데, 여기서 공모주최에 '특허청'으로 입력하고 시상일자에 '출원일자' 그리고 공모전 명에 특허명을 기입하면 된다.

만약 자격증 입력란보다 어필할 수 있는 자격증이 적은 경우에는 자격증란에 특허정보를 입력하여 어필할 수 있다. 간혹 지원하고자 하는 기업이나 기관의 특성에 따라 자격증을 선택할 수 있는 보기에 특허가 표기되어 있기도 하다. 그렇지 않은 경우에는 기타를 선택하여 특허라고 입력해 주면 된다.

다수의 특허를 가지고 있는 경우는 '자격증명 : 특허등록 xx건 / 출원 xx건' 과 같이 표기해 줄 수 있다. 특허가 1개 밖에 없는 경우에는 '특허출원 : 특허명(ex.인쇄매체 정리기)' 이런 식으로 입력해 줄 수 있다. 자격증 입력란을 특허수가 초과하는 경우에는 건수로 표시해 주고, 그렇지 않은 경우에는 하나의 특허를 하나의 자격증처럼 입력할 수 있다.

그러면 서류전형 과정에서 자격증 종류와 급수에 따라 가산점으로 부여하도록 로직을 사용하는데, 특허의 경우 엄밀히 따지면 자격증이 아니므로, 예외 가산점 처리를 HR담당자가 할 수 밖에 없다. 그렇기 때문에 서류통과를 하는데 있어서 일반 자격증만 입력하는 경우보다 유리하고 경우에 따라서는 특이사항을 표시하여 면접 진행시, 면접관에게 전달되도록 되어 있다.

■ 3번 경우 (자격증 입력란만 있는 경우)

자격증명	발급기관	자격증번호	합격년월일

자격증 입력란만 있는 경우, 2번 케이스와 같이 입력하여 어필만 해 주면 된다.

자격증 입력란 수보다 특허 수가 많을 경우에는 자격증명에 특허등록 xx건 / 출원 xx건으로 입력한다.

'자격증번호란: 특허출원(등록) 번호'

자격증 입력란 수가 특허 수보다 많을 경우에는 각 자격증란 마다 개별로 특허 하나하나씩을 언급해 주면 된다.

'특허출원 : 특허명(ex. 인쇄매체 정리기)'

특허 증빙 서류제출 방법

특허와 같은 우수성 입증 자료 외에도 서류전형을 거치면서 학력사항, 자격증 등의 사실 입증자료를 제출해야 한다.

경우에 따라 시스템에서 업로드 하는 경우와 하드카피를 우편 혹은 면접 참석 시, 직접 제출해야 하는 경우가 있다. 특허출원증 혹은 등록증은 웹사이트 '특허정보넷 키프리스'에서 다운받을 수 있다.

특허정보넷 키프리스 : www.kipris.or.kr

SEARCH 〉 특허·실용신안을 먼저 클릭한다.

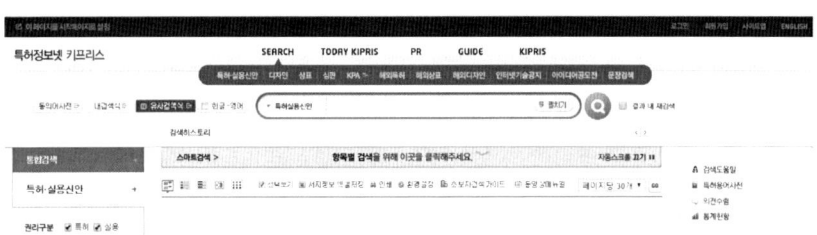

화면상단의 '항목별 검색을 위해 이곳을 클릭해주세요'를 누른다.

위의 그림과 같이 상세항목을 입력할 수 있게 페이지가 펼쳐진다.
특허의 현재 상태, 출원날짜, 등록날짜, 발명자 등 다양한 정보를 이용하여 특허를 검색할 수 있다.

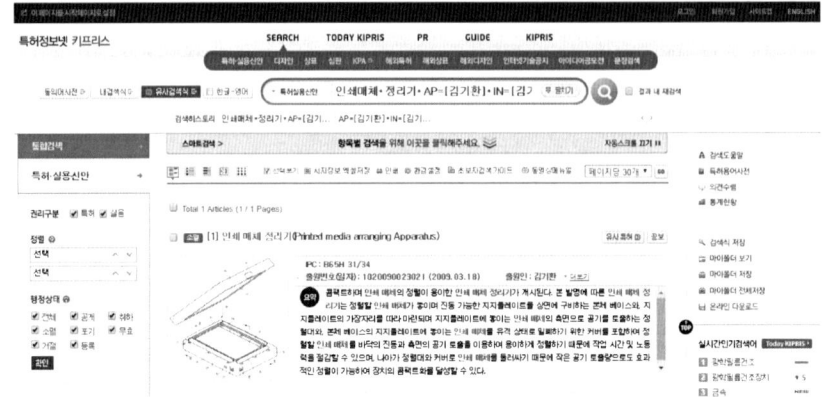

이름/번호/주소 카테고리에서 출원인과 발명자를 입력하고 명칭에 해당특허의 이름을 넣고 검색을 해 준다.

아래와 같이 검색결과를 확인할 수 있다.

검색된 하부내용의 명칭을 클릭하면 팝업으로 아래와 같은 화면이 출력되고 여기서 전문다운을 클릭하여 특허출원 혹은 등록증을 다운받을 수 있다.

단, 특허 출원 시 조기공개 신청을 하지 않고 출원일로부터 1년 6개월이 지나지 않았다면, 출원중인 특허는 조회가 되지 않는다.

특허 출원 시 조기공개 신청을 하면 출원일로부터 약 1개월 이후 정보를 검색할 수 있다. 특허를 출원하였어도 정보공개가 되어 있지 않으면 우수성 입증자료로 활용하기 어렵다. 출원일로부터 약 1년 6개월 이후 정보가 자동공개 되었을 경우 외부에서도 조회가 가능하므로 증명자료로서 활용할 수 있게 된다.

그렇기 때문에 특허출원 목적이 취업을 하는데 필요한 우수성 입증자료로 사용하는 것이라면 반드시 출원 시 조기공개를 꼭 신청해야 한다.

특허를 이용한 면접 전략

요즘 들어 유난히 말을 논리적으로 잘하는 친구들이 많다. 개인 PR 시대이기도 하고 예년에 비해서 발표 혹은 토론수업의 비중이 높아진 결과이기도 하다. 또한 취업 사교육화로 면접 준비를 위한 스피치학원을 흔하게 볼 수 있다. 많은 스피치 강사들이 자신만의 스토리라인으로 면접을 승부하라고 가이드도 잘 해주고 말을 논리적으로 할 수 있는 화법스킬들을 체계적으로 잘 가르쳐 주고 있기 때문이다. 이런 와중에 블라인드 채용확대로 학력이나 학점 같은 스펙에 열심히 투자했던 친구들은 언급할 수 있는 부분의 영역이 줄어들기도 하였다.

그 결과로 최근 면접장은 말 그대로 전쟁터가 되어가고 있고 더욱 치열해지고 있어, 면접관 앞에서 남들보다 나를 빛나게 할 면접전략이 중요하다.

1) 자기소개

면접의 승부의 70%는 1분 자기소개에서 결정이 난다고 한다.
대략 1분 정도 진행되는 자기소개가 면접관에게 주는 첫인상임과 동시에 함축적으로 그 동안 살아온 '나'라는 사람을 함축적으로 PR하여 판매하는 시간이다. PR이 함축적이 매력적으로 잘 되면 될수록 채용의 가능성이 높아진다.

여기서 특허라는 좋은 무기가 있다면, 남들도 쉽게 쓸 수 있는 키워드들에 신뢰감과 무게감을 더해서 나만의 자기소개를 만들 수 있다.

2장에서 언급했던 저자의 자기소개를 다시 한 번 살펴보자.
저자를 소개할 때, "혁신의 아이콘"라는 키워드를 핵심키워드로 주장했었다. 그럴 수 있었던 것은 저자가 실제로 특허도 가지고 있고, 공모전 수상 경력도 있었기 때문이다. 이런 우수성 입증자료가 서류로 증명이 가능할 때에 "혁신의 아이콘"라는 주장에 더욱 무게와 신뢰감이 실릴 수 있는 것이다.

〈자기소개 예제 #1.〉

(소개)

안녕하십니까. xx대학 졸업예정자 혁신의 아이콘 XXX 입니다.

(근거1)

여러 아이디어들로 특허를 x건 출원한 경험이 있습니다.

저는 일상생활에서 불편함을 관찰하고, 문제를 해결 하는 훈련을 습관화 할 수 있었습니다.

해결하는 훈련과 경험들을 통해 특허 x건을 출원할 수 있었습니다.

(근거2)

공모전 x회 입상한 경험이 있습니다.

특허출원 경험들을 녹여 아이디어를 공모전에 출품하여 x회 공모전 입상 하였었습니다.

(마무리)

문제를 찾아내고 해결을 위한 아이디어만을 내는 것이 아니라, 특허란 결과물까지 만들어 냈습니다. 이런 저의 창의력과 실행력을 바탕으로 귀사에 입사하여 귀사가 성장하는데 기여하고 싶습니다.

(역량 어필)

이상입니다.

특허를 가지고 있는 경우 아래와 같은 키워드를 활용하면 다른 이들 보다 무게감과 신뢰감 있는 자기소개를 할 수 있을 것이다.

예) 특허를 가지고 있는 이들이 사용하기 유리한 키워드들
- 발명가
- 아이디어 뱅크
- 문제해결사
- 창의력
- 기획력
- 실행력, 실천능력
- 크리에이터
- 생각하는, 고민하는 인재
- 하면 된다.
- 열정
- **혁신, 개선, 변화**

위와 같은 키워드로 자신을 소개하고
근거로 특허수량을 언급해 주면 된다. 특허출원이 1건인 경우, 그 내용을 풀어서 구체화하여 자기소개에 묻어나게 할 수 있다.

〈자기소개 예제 #2.〉

(소개)
창의적 사고로 문제를 해결하는 문제해결사 xxx입니다.

(근거)
저는 언제나 기존의 제품의 문제점이나 기능을 개선하기 위한 방법을 구상하고 생각하는 문제해결사입니다. 저는 이것을 언제나 머릿속으로 고민하고 아이디어 내는 것으로만 그치지 않고 실천하고 행동하는 자세로 직접 도면을 그려서 특허로 출원하였습니다. 그래서 대학생활 동안 10건의 특허를 출원하였습니다.

-중략-

항상 실천하고 행동하고 협력하는 신입사원으로서 귀사의 가족이 되고 싶습니다.
감사합니다.

이 키워드들은 직종과 직무를 불문하고 면접 시, 자기소개에서 사용할 수 있다. 어떠한 업무에서든 강한 실행력과 문제해결능력은 필요로 하기 때문이다.

2) 성공체험 어필

앞의 자기소개를 잘 끝내고 나면, 아래와 같은 상황으로 이어질 수 있다. 대게 아이디어를 내거나 어떤 문제를 해결하여 특허를 출원해 본 경험이 있다라고 하면 면접관들은 굉장히 눈여겨보고, 이것과 연관된 질문을 많이들 한다. 그러면 그 질문은 당신에게 가산점을 충분히 받을 수 있는 또 하나의 기회가 될 수 있다.

면접관 질문 예1)
앞에서 자기소개 때, 특허 출원한 경험이 있다고 했는데…
관련 특허 내용을 좀 더 상세히 소개해 주세요.

면접관 질문 예2)
특허를 내는 과정에서 어떤 부분이 가장 힘들었고,
어떻게 극복할 수 있었나요?

면접관 질문 예3)
본인이 생각할 때, 가장 큰 성공사례나 체험이 있다면 소개해 주세요.

면접과 질문 예4)
당신이 가장 잘 할 수 있는 것은 무엇인가요?

위 모든 질문의 답을 본인이 가지고 있는 특허와 연결하여 대답한다면 좋은 점수를 받을 수 있게 된다. 저자의 경우도 현재의 직장 신입사원 면접 때, 동일한 패턴의 질문들을 받았었으며, 저자의 특허 경험을 기반으로 면접에 임했을 때도 모두 합격을 할 수 있었다. 또한 실제 입사 이후 면접에서 나의 발언들이 다른 지원자들 보다 높은 점수로 이어졌다는 것을 듣게 되었다.

결국 서류전형에서 나라는 사람에 대해서 어필한 것과 그것을 증빙자료들도 똑같은 목소리를 내어주며 면접에서 일관성 있게 주장하는 것은 취업전략에 있어서 매우 중요하며 핵심이다. 이 과정에서 내가 그랬던 것처럼 독자들도 특허로 스펙을 쌓고 활용할 수 있다. 일단 특허를 출원하고 공개가 되고 나면 서류전형과 면접에서 다양한 전략을 사용할 수 있다. 당연한 얘기지만 보유하고 있는 특허의 숫자는 많을수록 더 유리하다. 10건, 아니 20건 이상의 특허를 보유하면 서류전형과정에서 더 주목을 받기 쉬울 것이다.

이렇게 서류전형을 통과하고 나면 면접에서 사용할 수 있는 전략은 아래와 같다. 이외에도 더 다양한 면접 전략을 만들어낼 수 있으니 독자들이 각자 생각보길 바란다.

(1) 자기소개에서 어필하기
(2) 지원회사의 보유 특허 개량 아이디어 제시
(3) 지원회사(또는 경쟁회사)의 특허 기반 기술동향 조사 및 발표

첫 번째로 자기소개에서 어필하는 것은 앞에서 구술한 것과 같다. 본인이 창의적인 사람인 것을 강조하거나 뛰어난 문제해결 능력이 있다는 등의 다양한 자기소개를 만들 수 있을 것이다.

두 번째, 지원회사의 보유 특허의 개량 아이디어를 제시하는 것이다. 특허정보 검색 사이트인 키프리스에서 지원한 회사명을 출원인으로 검색하면 이 회사에서 보유한 특허를 모두 볼 수 있다.
이 특허들 중 본인이 이해하기 쉬운 하나를 선택하자. 그리고 그 특허의 내용을 상세하게 파악하고 이 특허가 가지고 있는 문제점을 해결하는 아이디어나 개량한 아이디어를 도출하는 것이다. 도출한 아이디어는 따로 정리를 해놓자. 그림과 설명을 포함하여 잘 정리를 해놓는 것이 좋다.

회사마다 다르지만 프레젠테이션 시간이 별도로 할당되어 있다면 이때 활용할 수 있을 것이다. 그게 아니더라도 자기소개에서 본인이 보유한 특허를 잘 어필했다면 특허에 대해서 설명할 시간이 분명히 주어진다. 이 때 귀사에서 보유한 특허를 개량한 아이디어를 준비했다고 하면 되는 것이다. 대부분의 면접장에는 화이트보드가 준비되어 있다. 본인이 생각한 아이디어를 그려가면서 설명하면 높은 점수를 받을 수 있다.

아이디어가 부족해도 좋다.

이 모든 행위가 지원한 회사에 대한 관심이며, 본인이 가지고 있는 분석능력, 창의력을 보여줄 수 있는 기회이다. 만약 본인의 아이디어를 따로 설명할 시간이 주어지지 않는다면, 면접 말미에 주어지는 지원자의 질문시간이나 추가 본인 어필 시간에 진행하자. 그전까지 면접을 잘하지 못했더라도 역전할 수 있는 기회가 될 수도 있다.

세 번째는 지원회사(또는 경쟁회사)의 특허기반 기술동향 조사 및 발표이다. 본 방법은 앞의 두 가지 전략에 비해서 난이도가 좀 있는 편이다. 왜냐하면 지원회사나 경쟁사가 보유한 모든 특허를 봐야한다. 특허수가 매우 많은 회사라면 다른 전략을 세우는 것을 추천한다.

키프리스에서는 검색결과로 나오는 특허를 엑셀리스트로 출력하는 기능을 제공한다. 이 리스트를 출력하고 '기술요약'열을 만들자. 그리고 각 특허마다의 기술요약을 한 줄로 정리해놓는 것이다. 정리한 특허리스트를 반복해서 보다보면 이 회사가 가지고 있는 특허를 나름의 기준을 만들어서 분류할 수 있다.

먼저 키프리스에서 '출원인'에 검색 대상 회사 이름을 입력한다. 본 예에서는 '출원인'에 본인의 이름을 기재하여 검색했다. 검색 결과 화면의 스마트검색 아래를 보면 작은 글씨로 '서지정보 엑셀저장'이 있다 . 여기를 클릭하면 화면에 출력된 특허리스트를 원하는 위치에 저장할 수 있다.

엑셀리스트에서 한 열을 추가하고 '기술요약'을 제목으로 기재한다. 그리고 해당되는 특허를 하나씩 읽어보면서 분류하고 '기술요약' 열에 기재한다.

예로 든 캡처 화면을 보면 이해가 될 것이다.

* 분류과정에서 MECE 기법을 활용하면 도움이 될 것이다. 분류한 특허를 출원연도별로 정리해서 아래와 같은 특허 로드맵의 형태로 만들 수 있다.

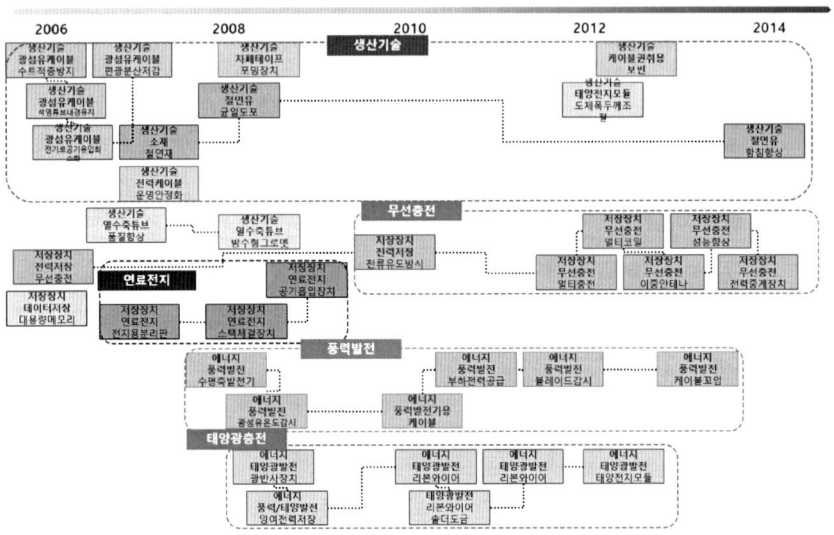

프레젠테이션 면접이라면 본 자료를 발표말미에 사용할 수 있다. 만든 자료의 결과에 따라서 회사의 기술동향이 이러이러하니 비전이 있어 보인다거나, 특정 기술을 좀 더 개발하는 것을 제안하는 등의 멘트를 할 수 있을 것이다. 물론 일반인이 특허만 가지고 특정회사의 기술동향을 파악하기는 어렵다. 정답을 콕 집어서 설명할 수는 없지만, 지원한 회사에 대한 관심과

입사를 위해 많은 준비를 했다는 의지를 표출할 수 있는 방법이다. 가능하면 경쟁회사의 동향까지 조사해 언급한다면 더 좋은 점수를 얻을 수 있을 것이다. 프레젠테이션 시간이 별도로 없는 면접이라면 대략적인 기술의 흐름과 분류별 특허 건수 등을 구두로 설명해도 된다. 이 정도의 열정을 보이는 지원자를 마다할 회사가 있을까? 한 가지 명심해야 할 것이 세 번째 전략은 본인이 지원한 분야와의 연관성을 잘 고려해야 한다. 영업이나 품질, 구매, 회계, 총무 등과 같은 분야에서는 관심이 없을 가능성이 크다. 앞에서 설명한 2번째, 3번째 면접 전략은 보유한 특허가 없어도 사용할 수는 있다. 하지만 정작 본인이 보유한 특허가 하나도 없다면 이러한 전략을 주장할 근거가 매우 부족할 것이다.

이처럼 특허는 철저하게 나의 차별화 포인트였고, 취업에서 승리할 수밖에 없는 절대적 경쟁우위 포인트였다. 독자들 중 취업준비를 하는 과정에서 남겨진 시간이 불과 1~2개월뿐이라면 당신도 나처럼 특허를 출원해 보길 권장한다. 특허는 절대로 대단한 것이 아니고, 누구나 마음만 먹으면 단기간에 특허출원까지는 쉽게 할 수 있다.

자 이제 당신이 실행을 해 볼 차례이다.

제4장

저자의
취업 필살기 전수
'특허 쉽게 내기'

대학원 시절, 따끈따끈한 방바닥에 누워 한겨울 오후의 주말을 나른하게 즐기고 있을 때였다.

내 자취방의 비밀번호를 급하게 누르는 소리가 들리더니 친구가 들어왔다.

"와...대박 춥네."

대학원에 같이 다니고 있던 친구다. 같은 고향에서 서울로 올라와 힘든 연구실살이를 하고 있어 각별하게 지내고 있었다.

이 친구는 무엇이든 상당히 논리적으로 분석하는 능력이 있어서 나는 종종 이 친구와 장시간 대화하는 것을 즐겼다.

최근 우리의 화두는 한번 뿐인 인생을 어떻게 하면 멋지게 살까? 였다. 둘 다 뭔지는 모르지만 무엇인가를 만들고 싶었다.

"특허를 기업체에 팔면 큰돈을 벌 수 있지 않을까? 우리 둘이 공동으로 특허 출원을 한번 해보는 게 어때?"

당시 친구는 특허를 돈을 벌 수 있는 새로운 사업 분야로 생각하고 있었다.

"오~ 좋은 생각인데? 개인 특허로 가지고 있다기 나중에 수요가 있는 회사에 한번 팔아보자."

"학교에서 출원하면 출원인이 학교라고 하더라고. 우리 소유가 아닌거지. 개인출원을 해 보는 게 어떨까?"

"근데 어떤 걸 출원하지?"

마침 켜놓은 TV에서 폭설로 부서진 비닐하우스가 나오고 있었다. 수많은 군인들이 힘들게 비닐하우스를 치우고 있는 장면이었다.

"저거다. 비닐하우스. 눈이 와도 부서지지 않는 비닐하우스 어때?"

"어떻게?"

이 친구는 항상 대화를 할 때 왜?와 어떻게?를 반복해서 내게 많은 생각을 하게 만든다.

"비닐하우스를 비닐 대신 페트병의 소재로 만드는 거지"

"그것도 눈이 많이 오면 찌그러질텐데... 그리고 페트병 소재를 비닐하우스에 어떻게 붙여? 비닐하우스의 근본적인 문제를 먼저 생각해야 되지 않을까?"

나의 머릿속은 급속도로 회전하기 시작했다.

"그렇지. 비닐하우스의 문제점은 바로 부분적인 수리가 어렵다는 거야. 그래서 비닐이 한군데라도 뚫리면 전체를 다 다시 만들어야해."
"그럼 부분적인 수리가 쉬운 비닐하우스를 생각해보자. 왜 비닐이 한군데라도 뚫리면 전체를 교체하지?"
이 친구의 특기인 왜?가 시작됐다.
"비닐하우스는 만들 때 전체를 덮는 큰 비닐로 덮으니까. 일체화된 비닐로 말이야"
"왜?"
"그거야 비닐은 따로 떼면 다시 붙이기 어려우니깐. 그리고 비닐하우스의 프레임도 마찬가지야. U자로 된 파이프를 바닥에 거꾸로 붙이거든."
"그렇지. 그럼 비닐이랑 프레임을 따로 분리할 수 있게 만들면 되겠네?"
순간 머릿속에 전구가 번쩍 켜진 듯한 느낌이 들었다.
"프레임을 그대로 두고 비닐이 달린 창틀 여러 개를 붙이면 되지 않을까?"
"그렇지 비닐대신 아까 얘기했던 페트병의 소재로 창을 만드는 거지. 그런데 그 창은 프레임에 어떻게 붙이지?"
순간 내방 냉장고에 붙어있는 야식쿠폰이 눈에 들어왔다. 보통 냉장고에 붙어 있는 야식쿠폰은 고무자석으로 되어 있다.

"창틀의 프레임에 붙는 쪽에 고무자석을 붙이면 되지 않을까?"

나는 자리에서 일어나 고무자석 창틀로 만들어진 하우스의 그림을 그리기 시작했다.

"이거로 특허 출원하자. 나중에 농협이나 농촌 공사 같은데 팔면 큰돈이 될 것 같은데?"

우리는 벌써 들떠 있었다.

"아 한 가지 빠뜨린 게 있다. 우리가 생각한 건 100명이 이미 생각했고, 10명이 사업 구상 중이고, 1명은 이미 사업을 시작하고 있을 수도 있다는 걸 생각해야해."

나는 바로 컴퓨터를 켜고 특허정보검색사이트인 키프리스에 접속해서 비슷한 아이디어가 있는지 찾기 시작했다.

다행히 비슷한 특허는 없었고, 우리는 즉시 아이디어를 가지고 특허사무소로 달려갔다.

"특허 출원 비용은 명세서 작성과 대행료를 합쳐서 약 120만원입니다."

우리는 입을 다물지 못한 상태 그대로 집에 돌아왔다.

온갖 고민 끝에 학자금 대출을 해서 특허를 4건이나 출원했다.

그 덕에 우린 회사에 입사한 뒤에도 한동안 대출금에 시달려야 했다.
물론, 그 특허들은 하나도 팔지 못했다.

공모전에 도전해 보겠다고 처음 아이디어 미팅을 할 때가 아직도 너무나 생생하다.
다들 혈기와 의욕만 앞서서 뭔가 해보자고 모였었지만, 정작 우리는 무엇을 어떻게 해야 할지 모르고 있었다. 그래서 우선 뭔가 개선의 여지가 필요한 것들이나 제품이나 서비스뿐만 아니라 불편한 것들을 각자 조사해서 함께 머리를 모아 문제를 해결해 보기로 했었다. 하지만 양질의 아이디어는커녕 작은 아이디어 하나 내는 것 자체가 힘겨웠었다. 지금은 등록한 특허도 몇 건 가지고 있고, 출원 경험과 아이디어 공모전 입상경력도 꽤 있지만 처음 이런 것들을 준비할 때는 굉장히 평범한 학생일 뿐이었다.
많은 사람들이 발명이라 하면 굉장히 대단한 것으로 생각한다. 나도 학생일 당시의 수준에서 생각해 본다면 대단한 것이다. 하지만 아이디어를 내거나 문제를 해결하는 방법론을 조금만 알고 있다면 상황이 달라진다. 우리가 방정식에 숫자를 대입하여 문제를 쉽게 풀 수 있듯이, 여러 방법론들을 잘 활용하면 누구나 쉽게 아이디어를 쉽게 낼 수 있게 된다.

#1 아이디어 만들기:
수리가 쉬운 비닐하우스

앞의 일화와 같이 나와 친구가 어떻게?, 왜?를 반복한 대화를 통해서 아이디어를 도출했듯이, 주변에 있는 어떤 사물의 문제점을 분석하는 과정만으로도 쉽게 아이디어를 낼 수 있는 힌트를 얻을 수 있다.

첫 번째 특허 출원까지 이어진 '부분적인 수리가 쉬운 비닐하우스'의 아이디어 도출 과정을 좀 더 상세하게 설명해보겠다.

일화에서 언급했듯이 일반적으로 비닐하우스는 U자 형의 쇠파이프 기둥을 일정간격으로 바닥에 꽂고 큰 비닐을 씌워서 만든다. 비닐의 두께가 두꺼워서 튼튼하긴 하지만 눈과 같이 무거운 물체에는 취약하다. 보통 폭설이 오면 비닐이 찢어지기도 하고 U자형 쇠파이프 자체가 휘어지는 경우가 많다. 찢어진 비닐을 복구하려면 찢어진 부분에 테이프를 붙이는 경우가 있는데 이럴 경우 비닐의 채광도가 떨어지고 붙인 부분의 무게가 늘어난다. 이제 이 문제를 해결하기 위해서 문제의 정의를 명확하게 할 필요가 있다. 문제점은 앞에서도 언급을 했듯이 '비닐하우스의 부분적인 수리가 어렵다.' 이다. 이제부터는 일화에서처럼 왜?를 반복하여 근본원인을 하나씩 파헤쳐가는 과정을 시작한다.

비닐하우스의 부분적인 수리는 왜 어려울까? 가장 큰 원인은 처음에 언급했듯이 비닐하우스를 만들 때 일체형의 큰 비닐을 덮어서 만들기 때문이다.

그렇다면 왜 일체형의 큰 비닐을 사용하는 걸까? 그 이유는 비닐이 분리가 되지 않기 때문이다. 비닐을 분리하면 다시 붙이기 어렵다. 테이프를 사용하면 앞에서 언급한바와 같이 비닐의 채광도도 떨어진다. 그렇다고 본드로 붙일 수도 없고 붙인다고 해도 그 부분은 매우 약하다.

여기까지 보면 거의 근본원인을 찾은 것 같다. 비닐이 분리되지 않기 때문에 비닐하우스의 부분적인 수리가 어려운 것이다. 이제부터는 어떻게?를 반복해서 생각하여 해결방안을 찾아나가 보자. 어떻게 하면 비닐을 분리할 수 있을까? 즉 비닐을 부분적으로 쉽게 뗐다가 붙일 수 있는 방법이 필요

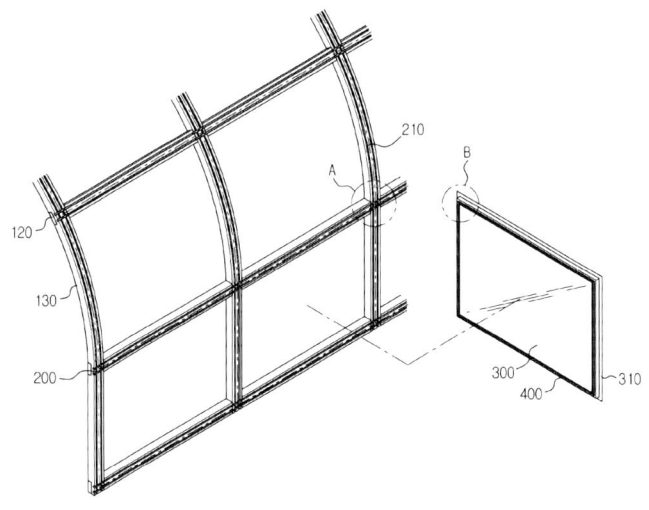

하다. 처음부터 모든 비닐이 분리되어 있는 것은 어떨까? 즉 일정한 면적으로 분리된 비닐조각들을 합쳐서 하나의 비닐하우스로 조립하는 형태로 만드는 것이다. 마치 조립식 블록처럼 말이다. 어떻게 하면 이런 조립식 형태로 만들 수 있을까? 비닐이 씌워진 다수의 창틀을 하우스 모양의 기둥에 붙이면 이를 해결할 수 있을 것 같다.

위 그림은 실제로 출원한 특허의 도면 일부이다. 창틀을 붙일 수 있는 형태의 기둥과 비닐이 부착된 다수의 창틀이 있으면 쉽게 분리가 가능하고 부분적인 수리가 쉬울 것이다.

이제 어느 정도 해결의 실마리를 찾은 것 같다. 다수의 창틀은 어떻게 기둥에 붙일 수 있을까? 일반적인 비닐하우스의 기둥은 철 성분으로 되어 있다. 철재에 가장 쉽게 뗐다 붙일 수 있는 방법은 자석을 이용하는 것이다. 창틀에 자석을 붙이면 기둥에 쉽게 뗐다 붙일 수 있을 것이다. 그런데 여기서 한 가지 문제점이 있다.

비닐하우스는 대부분 야외에 설치되므로 비나 눈을 그대로 맞아야 한다. 자석은 유연하지 않으므로 비가 올 경우 창틀과 기둥의 틈 사이로 비가 들어올 것 같다. 이 문제는 어떻게 해결할 것인가?

다행히 우리 주변에 이 문제를 쉽게 해결할 수 있는 아이디어를 제공할 물건이 있다. 바로 냉장고에 흔히 붙어 있는 고무자석으로 되어 있는 광고물이다.

이 자석은 유연한 소재로 되어 있으므로 창틀과 비닐하우스의 틈을 최대한 줄일 수 있을 것이다.

거기다 추가적으로 빗물의 유입을 최대한 막을 수 있게 창틀에 2중 덮개를 추가하는 것도 생각해볼 수 있다. 즉 창틀보다 좀 더 넓은 방수용 날개를 추가하는 것이다.

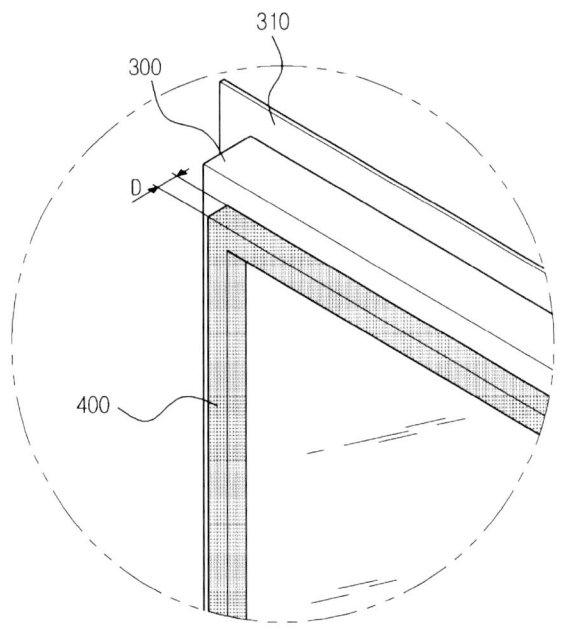

위 그림은 출원한 특허의 도면 일부이다. 300번은 창틀이고 다른 색깔로 되어 있는 400번이 바로 쉽게 휠 수 있는 고무자석이다. 310번은 앞에서 언급한 빗물 유입을 최대한 막을 수 있는 방수날개이다.

추가적으로 생각해볼 수 있는 것이 창틀에 부착되는 소재를 쉽게 뚫리는 비닐이 아닌 페트병에서 사용하는 PET 소재로 하는 것이다.

PET는 가볍고 비닐보다 더 튼튼하다. 눈이 올 때마다 비닐이 찢어져서 창틀을 교체하는 것보다 교체횟수가 더 줄어들지 않을까?

이 아이디어가 기존의 비닐하우스보다 비용이 훨씬 높아 비효율적이라고 생각하는 독자도 있을 것이다. 물론 기존의 비닐하우스보다 사용되는 소재도 많고 구조도 복잡해서 비용은 증가할 것이다. 하지만 여기서 짚어 보아야 할 점이 어떤 문제를 분석해서 하나의 아이디어를 도출하고 특허로까지 출원을 한 것이다. 즉, 머릿속에만 있던 아이디어를 구체화하고 눈에 보이는 실체로 만든 것이다. 그리고 특허는 실제 적용을 하지 않아도 된다.

아이디어를 구체화하기 위한 하나의 수단으로 생각하자. 무엇보다 이 책의 목적인 취업 전략에 활용할 수 있다.

참고로 현재는 사용하지 않더라도 시간이 흐른 뒤 실제 적용에까지 이른 특허도 있다. 아이디어는 기술의 발전이나 시장상황에 따라서 적용여부가 결정된다. 따라서 일부 기업들은 이를 대비하여 다양한 아이디어를 특허로 출원하는 것이다.

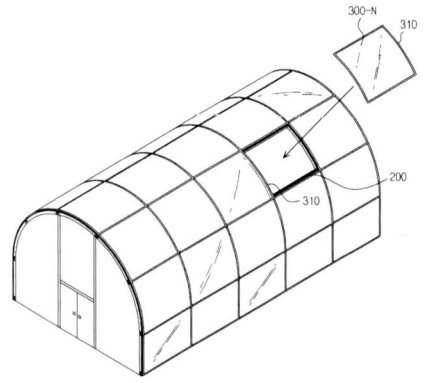

#2 아이디어 만들기:
종이 정리 장치

내가 출원한 또 다른 특허의 예를 들어서 설명하겠다.

많은 양의 종이를 인쇄해서 보는 경우가 있다. 이렇게 인쇄한 종이를 정리하려고 하다가 손을 베어본 경험은 누구나 한번쯤 해봤을 것이다. 대부분의 사람들은 종이를 정리하기 위해서 쌓여진 종이 뭉치의 가장자리를 손으로 툭툭 친다. 이렇게 치다보면 종이가 구겨지기도 하고 많은 시간이 소요된다.

먼저 문제점을 간단하게 생각해보자.

지금 당면한 문제점은 '많은 양으로 쌓여 있는 종이를 정리하기 어렵다.'이다.

여기서부터 왜?와 어떻게?를 반복하여 생각하면서 문제의 근본 원인을 찾아가는 과정을 진행하자.

쌓여 있는 종이는 왜 정리하기가 어려울까? 간단하게 생각하면 종이를 손으로 치는 행위만으로는 종이가 잘 움직이지 않기 때문이다. 그렇다면 왜 종이가 잘 움직이지 않을까?

우리가 학창시절에 배웠던 지식만으로도 그 원인에 대한 답을 쉽게 할 수 있다. 바로 종이 사이의 강한 마찰력 때문이다. 그럼 왜 마찰력이 생기는 걸까?

종이의 표면을 만져보면 거칠다. 물론 표면이 매끄러운 고급종이도 있지만 대부분의 종이는 거친 표면을 가지고 있다. 그리고 아무리 고급종이라도 유리나 매끄러운 금속만큼 표면이 매끄럽진 않다.

여기서 해결해야 할 근본적인 원인을 찾을 수 있다. 바로 종이 표면의 마찰력을 줄이는 것이다. 이제부터는 어떻게?를 반복해서 생각하는 과정이 필요하다.

가장 간단하게 마찰력을 줄이는 방법은 종이 사이에 매끄러운 물체를 넣는 것이다. 그럼 종이 사이에 무엇을 넣을까? 자전거의 체인이나 자동차의 엔진과 같은 경우에는 기계사이의 표면을 매끄럽게 만들기 위해서 윤활유와 같은 기름을 넣는다. 극단적인 생각으로 종이에 기름을 넣는 것을 생각할 수도 있지만 인쇄물 자체를 버릴 수도 있으므로 좋은 방법이 아니다.
그렇다면 종이 사이사이에 공기를 불어넣는 것은 어떨까? 공기를 불어넣으면 종이가 젖지도 않고 가벼우니 떠올라서 작은 힘으로도 쉽게 종이를 정리할 수 있을 것 같다. 이제는 공기는 어떻게 불어 넣을지 생각을 할 차례다. 공기를 불어넣는 방법은 다양하다. 주변에 있는 사물들을 둘러보기만 해도 쉽게 답을 찾을 수 있을 것이다. 가장 흔한 것이 선풍기이다. 종이 사이에 공기를 불어넣을 수 있게 종이의 옆면에 선풍기를 놔두면 되지 않을까?
머릿속에서만 생각하면 조금씩 복잡해진다. 그래서 어느 정도 복잡해지면 그림을 그리는 것이 많은 도움이 된다.
아래 그림과 같이 종이 옆에 선풍기를 켜놓으면 정리는커녕 그냥 날아가 버릴 것이다.
따라서 종이가 날아가는 것을 막으면서 종이의 옆에 공기를 불어넣는 방법이 필요하다. 이제 종이가 날아가지 않게 잡아주는 무언가를 생각해보자.

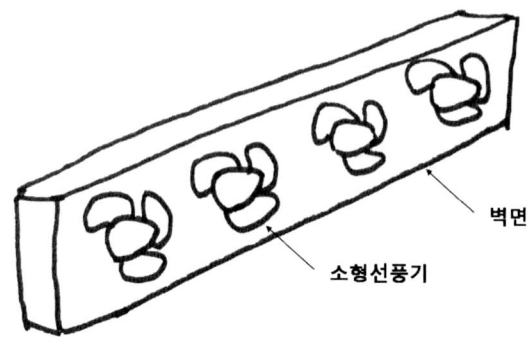

어떻게 하면 종이가 날아가지 않게 잡을 수 있을까? 종이가 날아가지 않게 하려면 상자에 넣으면 된다. 즉, 종이를 상자 안에 넣고 뚜껑을 덮고, 어떤 방법을 써서 상자의 벽면에서 소형선풍기로 공기를 불어넣는 것은 어떨까?

이제 벽면에서 공기가 나올 수 있게 만드는 종이 닫는 상자를 생각해 냈다. 벽에서 공기를 불어넣는 상자에 손을 넣어서 종이를 툭툭 치면 정리를 쉽게 할 수 있을 것 같다. 그래도 좀 더 자동적으로 할 수 있게 만들고 싶다. 그렇다면 공기가 나오는 벽면이 자동으로 움직이게 하면 어떨까?

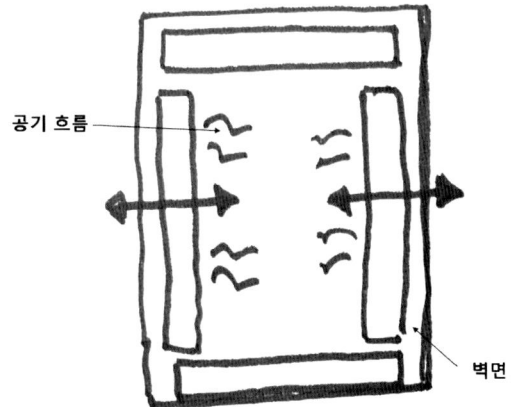

위 그림과 같이 최종적으로 공기를 불어넣는 벽면이 움직이는 상자를 생각해 내었다. 벽면이 움직이기 위한 방법도 계속해서 어떻게?를 반복하여 구체적으로 생각하면 될 것이다. 홈을 따라서 움직이는 기어를 이용할 수도 있고 벽에 끈을 연결해서 당기는 방법도 있다. 방법은 무궁무진하게 많으니 마음껏 상상의 나래를 펼치면 된다.

이제부터는 어떤 물건이나 불편한 상황을 마주하게 되었을때 문제점이 무엇인지 생각하는 습관을 가져보자. 그리고 왜?와 어떻게?를 반복해서 생각하여 아이디어를 내보자. 발명은 어려운 것이 아니며 우리주변에는 발명할 수 있는 것이 정말 많다.

이렇게 생각해낸 아이디어들은 모두 특허로 출원할 수 있다. 물론 비슷한 생각을 하는 사람이 많으니 이를 검증하기 위한 절차가 반드시 필요하다. 추가적으로 알아야 할 것은 특허사무소를 통해서 특허를 출원하면 100만 원에 가까운 비용이 든다. 명세서 작성비용과 출원 대행료 명목으로 소요되는 비용인데, 특허 등록과정까지 진행하면 추가로 100만 원 이상의 비용이 더 필요하다. (특허청 심사비용)

학생입장에서는 상당히 부담되는 비용인데, 다행히 직접 명세서를 작성해서 출원하면 소정의 수수료만 내면 된다. 특허 명세서는 그 구성을 알면 초안의 작성은 가능하니 한번 직접 작성을 해보는 것도 좋다. 중복되는 아이디어의 검증과 명세서 작성, 출원까지의 과정은 다음 장에서 설명하기로 한다.

〈인쇄매체 정리기 – 등록특허〉

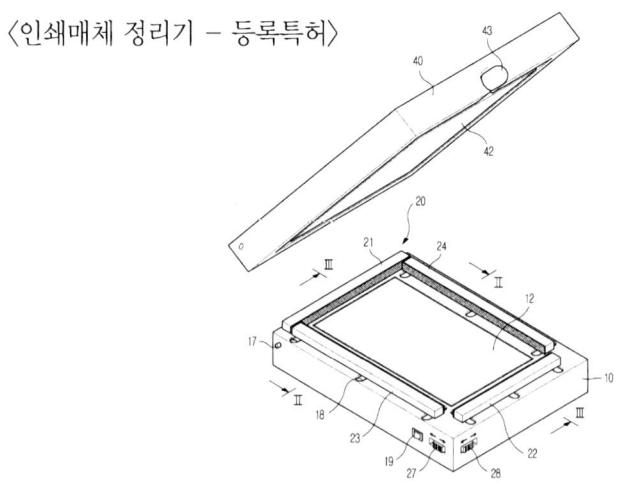

부록. 아이디어의 도출 방법

주변에 있는 문제점과 그 근본적인 원인을 파악하는 것만으로도 많은 아이디어를 낼 수 있다.

원인의 파악은 왜?라는 질문의 반복으로, 아이디어의 도출은 어떻게?라는 질문의 반복으로 할 수 있을 것이다.

더 이상 원인을 분해할 수 없을 때까지 왜?를 반복해서 생각해보자.

그리고 가능하면 생각해낸 아이디어는 그림으로 그려보는 것이 좋다.

〈브레인 스토밍〉

일반적으로 가장 많이 사용하는 아이디어 도출 방법이다. 독자들도 익히 들어서 알고 있을 것이다. 하나의 주제를 놓고 참가자들이 각자가 생각하는 아이디어를 아무런 제약 없이 내놓는 것이다. 여기서 중요한 포인트는 각자가 생각한 아이디어에는 제약이 없다는 것이다. 그리고 누군가 아이디어를 내놓을 때 여기에 대한 부정적인 평가를 하는 것은 삼가야 한다. 본인이 생각한 아이디어에 대한 부정적인 평가를 듣게 되면 심리적으로 위축이 되며, 결과적으로 좋은 아이디어를 내놓기가 어렵게 된다.

즉 브레인 스토밍이 실패한 것이다. 가능하면 다양한 아이디어에 대한 검토와 선정은 회의 말미에 해야 한다. 아이디어에 대한 발언을 하지 않고 각자 종이에 아이디어를 써서 모으는 방법도 있다. 이 경우, 본인의 아이디어에 대한 즉각적인 평가 의견이 나오지 않기 때문에 신선한 아이디어를 만들어 내기에 더 효과적일 수 있다. 브레인스토밍은 참여하는 사람의 수가 많을수록 더 좋은 아이디어를 만들어 낼 수 있다.

〈*M.E.C.E - Mutually Exclusive Collectively Exhaustive〉
단어를 합쳐서 해석해보면 좀 어려울 수 있는데, 간단하게 설명하면 '서로 겹치지 않으면서 빠뜨리지 않게 분류'하는 것이라고 할 수 있다. MECE는 로직트리를 만드는 기본적인 개념으로 세계 탑 클래스 컨설팅 업체 중 하나인 맥킨지사에서 많이 사용하는 방법이다.

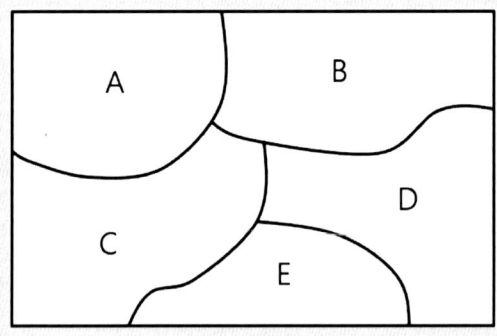

이 방법을 잘 숙지하면 여러 분야의 업무에서 매우 유용하게 사용할 수 있다. 왜냐하면 대부분 업무의 기본은 정확한 분류에서부터 나오기 때문이다. 예를 들어 문제의 정확한 분류나 문제의 해결방법에서 도출되지 않은 부분의 검증 등에 활용할 수 있다. 널리 알려진 분류 기법인 로직트리와도 연관이 된다.

일반적으로 *MECE를 활용할 때 먼저 분류의 기준을 정하고 이 기준에 따라서 최대한 분류할 수 있는 카테고리를 만든다. 이때 만들어진 각 카테고리들은 다른 카테고리와 겹치는 부분이 없어야 한다.

예를 들어 '자동차'를 사용하는 '연료'로 구분하면 아래와 같이 만들 수 있다. 최근 이슈 되고 있는 환경적인 측면을 고려했다.

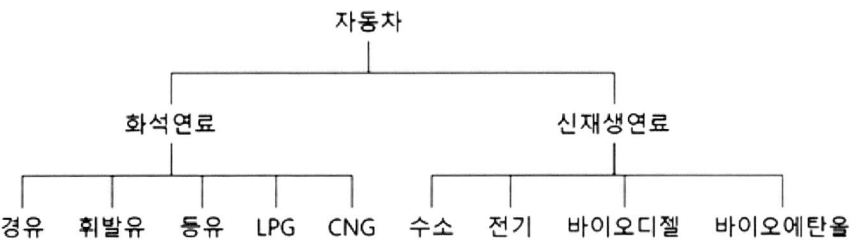

이렇게 서로 겹치지 않는 세부 카테고리로 분류하다 보면 앞으로 개발해야 할 연료가 무엇인지를 도출해낼 수도 있다.

〈마인드맵〉

마인드 맵은 많은 관련 프로그램들을 통해서 이미 많은 분들이 접해 보고, 대중적으로 사용하고 있는 방법론 중의 하나다.

어떤 문제를 해결하거나 목적을 달성하기 위해서 할일 혹은 고려해야 할 것들을 정립하는 방법론이다. 정립하는 과정에서 관련 있는 키워드들끼리 묶고 확장하여 한눈에 각 항목들의 연관성까지 쉽게 볼 수 있다. 주로 브레인스토밍하는 과정에서 이 마인드맵을 통해서 나온 키워드와 아이디어들을 정리한다.

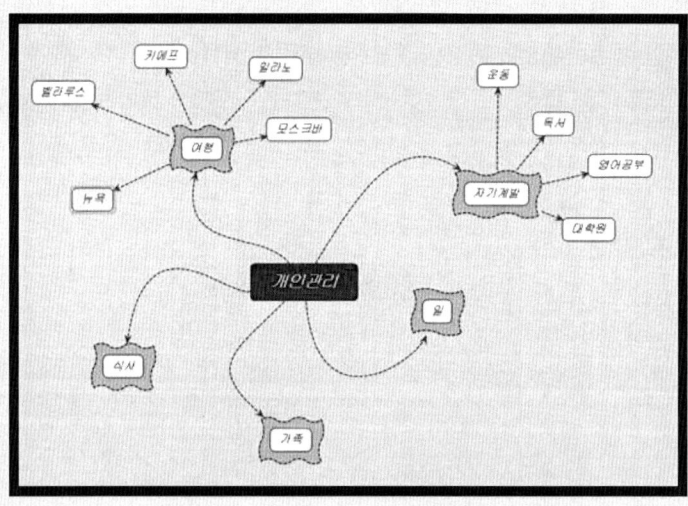

아래에 있는 무료 마인드맵 프로그램들을 받아서 사용해 볼 수 있다.

– xmind
– 알마인드
– Freemind
– 씽크와이즈 PQ
– MindnNode Life

〈트리즈(TRIZ) – 40가지 발명원리〉
러시아의 과학자이자 발명가인 알트슐러가 만들어낸 문제해결 이론이다. 수십만 건의 특허를 분석하여 각각의 특허가 문제를 해결하는 원리를 크게 40가지로 분류해놓은 것이다. 현존하는 대부분의 발명이 이 원리를 이용하여 근본적인 문제를 해결했다고 할 수 있다.
도출되어 있는 결과를 분석해서 만든 이론이므로 실제 익숙하게 활용하기 위해서는 시간이 다소 소요된다. 일단 익숙해지면 문제를 해결할 때 상당히 유용하게 활용할 수 있다.

40가지 발명의 원리

1 분할	2 추출	3 국소적 품질	4 비대칭	5 통합	6 다용도
7 포개기	8 평형추	9 사전 반대조치	10 사전조치	11 사전 예방	12 높이 맞추기
13 거꾸로 하기	14 곡선화	15 자유도 증가	16 초과나 부족	17 차원변경	18 진동
19 주기적 작용	20 유용작용의 지속	21 고속처리	22 전화위복	23 피드백	24 중간 매개물
25 셀프 서비스	26 복사	27 일회용	28 기계 시스템 대체	29 공기/유압	30 얇은 막
31 다공성 물질	32 색깔 변경	33 동질성	34 폐기/재생	35 속성변화	36 상전이
37 열팽창	38 활성화	39 불활성 환경	40 복합재료		

최근 포스코, LG 등과 같은 국내 대기업에서도 많이 활용하고 있으며, 전문가임을 입증하는 국제공인자격증인 MATRIZ도 있다. 우리나라에도 한국트리즈협회에서 전문가를 인정하기 위한 자격증을 발행하고 있다.

한국트리즈협회(http://www.triz.or.kr)에서 교육 및 컨설팅을 받을 수 있으며, 한국트리즈협회의 인증을 거쳐 트리즈 자격증을 취득할 수 있다.

위와 같이 굉장히 다양한 문제해결 방법론이 있다. 다 숙지하고 잘 활용하면 베스트지만, 현실적으로는 몇 개만 잘 숙지하고 활용하여도 충분히 문제해결을 잘할 수 있다.

제5장
너도 이제는
스페셜리스트 '발명가'

첫 특허를 출원했던 날이 아직도 엊그제만 같다. 그때는 아무것도 몰라서 나도 내가 가진 아이디어를 정리해서 변리사 사무실에 찾아가 큰 비용을 들여서 특허출원을 하였었다. 하지만 그 이후에 여러 번의 시행착오를 통해 특허를 출원 시 목적이나 성격에 따라 방법을 달리 할 수 있다는 것을 알게 되었다. 단지 출원을 하는 게 목적이라면 직접 전자출원을 통해 적은 금액으로도 특허출원이 가능하다.

이제는 당신도 특허를 출원하고 발명가가 될 차례이다. 앞에서 이미 나의 아이디어를 어떻게 도출하고, 문제해결을 하는지 케이스를 통해 이해했을 것이다. 특허라는 것이 많은 사람들이 알고 있는 것처럼 복잡하거나, 생각만큼 어려운 것은 아니다. 더군다나 단순히 특허출원만 하는 것은 마음만 먹으면 누구나 해볼 수 있다. 내용을 봐서 알겠지만, 발명이라는 것은 대단히 특별한 기술이 필요하거나 능력이 있어야 하는 것은 아니다. 누구나 생각할 수 있는 능력이 있고, 이것을 실행에 옮길 수 있는 능력만 있다면 당신도 할 수 있다. 특히 취업을 위해서 준비할 수 있는 시간이 얼마 없는 분들은 이 장을 집중적으로 봐주시길 권장한다. 누구나 큰돈을 들여 변리사 사무실을 가지 않고도 명세서 초안을 작성해서 집에서 전자출원까지는 할 수 있다.

누구나 쉽게 할 수 있는
명세서 작성 가이드

일반적으로 기업이나 대학 등에서 특허 출원을 할 때 특허사무소를 통해서 출원을 한다.

이때 특허사무소에 수수료를 지급하게 되는데 청구항의 개수에 따라 차이가 있지만 보통 100만 원 정도 소요된다. 다행히 학생일 경우, '특허로' 사이트의 전자출원 서비스를 통해 저렴한 비용으로 특허를 출원할 수 있다. 전자출원은 컴퓨터를 이용하여 24시간 중 언제든지 진행이 가능하며 집에서도 편하게 이용할 수 있다.

우선 전자출원을 위해 명세서의 작성이 필요하다. '특허로' 사이트의 명세서작성 소프트웨어를 통해서 작성할 수 있지만, 워드프로그램으로 작성 후 복사/붙여넣기로 진행하면 좀 더 편리하다.

특허명세서는 다음 페이지의 항목과 같이 구성되어 있다. 한눈에 볼 수 있게 고무공을 예로 활용했다.

<발명의 명칭> 고무공
<요약> 본 발명은 고무 소재로 되어 있는 공에 관한 것이다.
<대표도>
<청구범위> 청구항 1 고무소재로 되어 있는 공
<기술분야> 본 발명은 고무공에 관한 것으로 고무소재로 되어 있다.
<배경기술> 일반적인 공은 단단한 소재로 되어 있어 다칠 우려가 있다.
<해결하려는 과제> 본 발명은 상술한 문제점을 해결하기 위해 부드러운 고무소재로 된 공을 제공한다.
<과제의 해결 수단> 상기 목적을 달성하기 위해 공을 고무소재로 만든다.
<발명의 효과> 부드러운 고무소재로 부딪혀도 다칠 위험이 감소한다.
<도면의 간단한 설명> 도 1은 본 발명의 전체 모습
<발명을 실시하기 위한 구체적인 내용> 도 1을 참조한 본 발명은 고무소재로 된 공이다.
<부호의 설명> 101: 공
<도면> 도면 1

각 명세서의 항목별 설명은 아래와 같다.

〈발명의 명칭〉: 발명의 특징을 알 수 있는 간략한 제목이다.
〈요약〉: 발명의 내용을 요약한 것으로 보통 청구범위의 청구항1을 기입한다.
〈대표도〉: 발명의 그림 중 대표적인 그림이다.
보통 사시도 또는 전체 구성이 보이는 그림을 넣는다.
〈청구범위〉: 특허 권리의 핵심으로 발명자가 권리로 주장하기 위한 발명의 구성을 기술한 것이다.
구성에 따라 다수의 청구항으로 구성된다.

발명의 설명
〈기술 분야〉

발명이 적용될 수 있는 분야이며 보통 청구항 1 또는 전체 발명의 핵심 요약을 1~2 줄 정도로 작성한다.
'본 발명은 ○○○에 관한 것으로~ '로 시작.

〈배경 기술〉

발명이 적용될 수 있는 분야에서 현재 공개되거나 알려져 있는(많이 사용하는) 장치 또는 기술의 문제점을 기술한다. 유사한 기술의 특허를 활용하기도 한다.

발명의 내용
〈해결하려는 과제〉

배경 기술의 문제점을 발명을 통해서 해결한다는 내용을 기재하며 보통 기술 분야를 다시 한번 작성한다. '본 발명은 상술한 문제점을 해결하기 위하여~ '로 시작.

〈과제의 해결 수단〉

본 발명의 전체적인 요약을 작성하는 것으로 보통 청구항 번호를 제외한 청구항 전체를 기재한다. '상기 목적을 달성하기 위한 본 발명에 따른~'으로 시작.

〈발명의 효과〉

본 발명의 효과를 기재한다.

〈도면의 간단한 설명〉

도면의 간략한 설명을 기재한다. 명세서에 첨부되는 모든 도면의 설명을 기재해야 한다.

예) 도 1은 본 발명의 실시 예에 따른 OO의 외부 모습을 도시하는 사시도

도 2는 본 발명의 실시 예에 따른 OO의 전면도

〈발명을 실시하기 위한 구체적인 내용〉

각 도면과 청구항을 이용하여 발명의 구체적인 내용을 기재한다. 보통 모든 청구항을 먼저 붙여 넣고 청구항 별로 상세한 내용을 작성하며 관련 도면의 번호도 기재한다. 아래와 같은 문장으로 시작하는 경우가 많다. 별도의 권리가 있는 문장이 아니니 그대로 사용해도 좋다.

본 발명의 실시예에 따른 OOO에 대하여 설명하기로 한다.

도 1은 본 발명의 실시 예에 따른 OOO을 도시하는 도면이다.

도 1을 참조하면 … 청구항 내용… '

〈부호의 설명〉

발명을 설명하기 위해서 각 구성요소에 이름을 붙일 필요가 있다. 이를 도면에 표기하고 번호와 이름을 기재하는 것이다.

예) 101: 손잡이

102: 케이스

〈도면〉

발명을 설명하기 위한 그림과 그림 번호를 기재한다.

예) 도면 1

도면 2

명세서에 들어가는 항목이 많아서 어려워 보이지만 실제로 작성을 해보면 간단하다. 앞 장에서 설명한 특허 검색 사이트인 '키프리스'에 공개되어 있는 특허 명세서를 참조하여 작성하다 보면 많은 도움이 될 것이다.

일반적으로 특허사무소는 명세서에서 한자용어를 많이 사용하는데, 특허 명세서의 목적이 특허청 심사관과 일반인들을 쉽게 이해시키는 것이므로 굳이 한자용어를 사용하지는 않아도 된다.

명세서의 항목 중 가장 먼저 작성해야 할 부분이 청구항과 도면이다. 명세서에서 상세한 설명의 분량이 가장 많은데 청구항을 먼저 작성한 후 각 청구항별로 상세하게 풀어서 작성하면 좀 더 쉽게 작성할 수 있다.

아래의 순서를 참조하면 이해가 좀 더 쉬울 것이다.

① 청구항, 도면 작성 → ② 〈발명을 실시하기 위한 구체적인 내용〉에 청구항 붙여 넣기 → ③ 청구항 별로〈발명을 실시하기 위한 구체적인 내용〉을 상세하게 풀어서 작성하기 → ④ 나머지 항목 작성하기

이제 명세서의 기초가 되며 중요한 부분인 청구항의 작성 방법에 대해서 설명을 진행하고자 한다.

청구항은 발명의 전체 구성이 기재된 독립항과 이 독립항의 각 구성을 상세하게 설명하기 위한 종속항으로 구성된다. 예를 들어 B, C, D로 구성되어 있는 전체 구성 A인 발명일 경우, 청구항 1을 독립항으로 다음 페이지와 같이 작성할 수 있다.

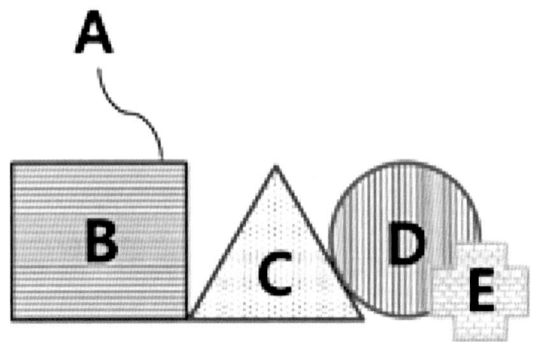

청구항 1(독립항)

다수의 수평선이 내부에 있는 사각형상의 B와,

B의 측면에 붙어 있는 삼각형상의 C와,

다수의 수직선이 내부에 있는 원형의 D가 포함된 것을 특징으로 하는 A

여기서 좀 더 상세하거나 추가적인 특징을 가진 구성 E가 있을 경우, 청구항 1의 종속항으로 작성한다.

청구항 2(종속항)

제 1항에 있어서,

십자형상으로 된 E가 더 포함된 것을 특징으로 하는 A

종속항을 통해서 독립항의 구성을 좀 더 상세하게 기재할 수 있다. 아래는 C를 상세하게 기재하였다.

청구항 3(종속항)
제 1항에 있어서,
C는 내부에 다수의 점이 있는 것을 특징으로 하는 A

청구항을 작성할 때 아래와 같은 불명확한 표현은 사용하지 않아야 한다.

1) 임의로 추가하거나 선택과 관련된 표현: 필요에 따라, 소망에 따라, 특히, 예를 들어, 및/또는 등
2) 비교하는 기준이나 그 정도가 명확하지 않은 표현: 주로, 적합한, 적량의, 많은, 높은, 대부분의, 거의, 약 등
3) 부정적인 표현: ~이 아닌, ~ 을 제외하고
4) 수치발명에서 상한값 또는 하한값을 기재하지 않거나 0을 포함하는 경우: ~ 이상, ~ 이하, 0 ~ 10 등

※ 수치발명: 길이, 너비의 수치와 비율, 화학재료의 비율과 같이 수치에 따라 효과가 달라지는 발명

5) 지시하는 대상이 명확하지 않은 표현

6) 서로 다른 기능을 수행하는 다수의 부분을 동일하게 표현한 것

7) 판매처와 같이 기술과는 관련이 없는 사항을 기재할 경우

'탈착형 지우개 케이스'의 청구항을 작성 예로 활용하기로 한다. 보통 명세서 작성 수업에서는 끝에 지우개 달린 연필을 많이 활용하는데 본 책에서는 좀 더 복잡한 구성을 선택했다.

특허 예
탈착형 지우개 케이스

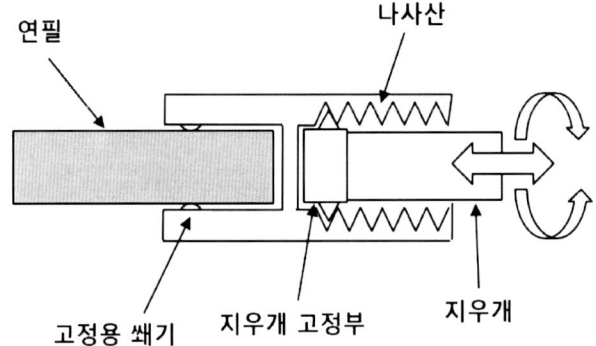

이 탈착형 지우개 케이스는 연필에 고정하기 위한 고정용 쐐기, 지우개를 고정하기 위한 지우개 고정부, 회전하여 지우개 고정부를 상하로 이동하기 위한 나사산으로 구성된다.

고정형 쐐기는 끝이 뾰족한 금속소재로 되어 연필을 강하게 잡을 수 있고, 지우개 고정부는 원형으로 내부에 홈이 있어서 원형의 지우개를 끼울 수 있다. 이 발명은 아래와 같이 청구항으로 작성할 수 있다.

청구항에는 정답이 없으므로 독자들도 연습 삼아 본 탈착형 지우개 케이스의 청구항을 작성해보기 바란다. 같은 발명이라도 명세서를 작성하는 사람에 따라서 청구항에 차이가 있다.

청구항 1
연필의 끝을 끼워 넣는 홈이 있는 케이스와,
상기 케이스의 반대쪽 내부에 있는 나사산과,
상기 나사산을 따라 회전하여 위아래로 이동하는 원형의 지우개고정부로
구성된 것을 특징으로 하는 탈착형 지우개 케이스

청구항 2
청구항 1에 있어서, 케이스 내부의 홈은
연필의 끝을 고정하기 위한 고정용 쐐기가 더 포함된 것을 특징으로 하는
탈착형 지우개 케이스

청구항 3
청구항 2에 있어서, 고정용 쐐기는
철, 구리, 알루미늄과 같은 금속소재로 구성되는 것을 특징으로 하는 탈착

형 지우개 케이스

청구항 4
청구항 1에 있어서, 지우개고정부는
원형의 지우개를 끼움 방식으로 넣을 수 있는 홈이 포함된 것을 특징으로 하는 탈착형 지우개 케이스

이제 청구항을 사용하여 〈발명을 실시하기 위한 구체적인 내용〉을 작성하면 된다.
〈발명을 실시하기 위한 구체적인 내용〉에 최대한 많은 내용을 넣어야 특허 등록 절차를 진행할 때 유리하다. 특허청에서 심사를 받는 과정에서 명세서의 보정 작업을 하게 되는데 일부 청구항을 삭제, 통합하거나 〈발명을 실시하기 위한 구체적인 내용〉의 일부 문장을 청구항에 넣는 경우가 대부분이다. 이때 청구항에 추가로 넣는 문장은 출원할 때 명세서에 있는 내용만 사용할 수 있으므로 가능한 많은 내용을 작성하는 것이 좋다.
청구항 1을 한 문장씩 구체적으로 풀어서 작성해보겠다. 상단에 있던 내부

단면 그림을 도 1로 하고 각 구성의 부호를 아래와 같이 붙인다. 부호는 전체/세부 구성을 쉽게 구분할 수 있게 보통 세 자리 숫자로 한다.

101: 연필
102: 케이스
103: 나사산
104: 지우개 고정부
105: 고정용쐐기
106: 지우개

먼저 청구항 1을 아래와 같이 한 문장으로 바꾼다.

도 1을 참조하면 탈착형 지우개 케이스는 연필(101)의 끝을 끼워 넣는 홈이 있는 케이스(102)와 케이스(102)의 반대쪽 내부에 있는 나사산(103)과 상기 나사산(103)을 따라 회전하여 위아래로 이동하는 원형의 지우개고정부(104)로 구성된다.

그리고 각 구성요소에 대한 상세한 설명을 한 문장씩 작성하면 된다.
재료, 좀더 구체적인 모양, 크기, 수치나 추가적인 구성요소를 설명하면 된다.

케이스(102)는 사각형 또는 원형으로 된 가벼운 플라스틱 소재로, 연필 끝을 끼워 넣는 홈의 깊이는 3~4cm로 연필에 끼웠을 때 안정적으로 고정될 수 있다.

연필이 끼워지는 반대쪽의 케이스(102)에는 암나사의 역할을 하는 나사산(103)이 지우개의 길이만큼 구성되어 있다.

지우개고정부(104)는 가벼운 플라스틱 소재로 되어 있으며 수나사의 역할을 하는 모양으로 케이스(102)에 있는 나사산(103)에 끼워서 회전방향에 따라 위아래로 이동할 수 있다.

독자들도 본 작성 예제나 주변에 있는 뚜껑 달린 볼펜, 가위, 문구용 칼 등과 같은 간단한 사물을 활용하여 연습해보기 바란다. 명세서 작성은 연습할수록 하루가 다르게 실력이 늘어난다.

하지만 특허로서 기술적인 가치나, 권리가치를 제대로 인정받기 위해서는 변리사에게 상담을 받아 특허출원을 진행하는 것을 권장한다. 어디까지나 여기 있는 명세서 작성방법은 기초적인 수준에서의 가이드이며, 첫 출원을 해보는 것이 목적인 이들을 대상으로 이해를 돕기 위한 실습 차원에서의 샘플이다.

특허교육을 받을 수 있는 기관

- 특허청 (www.patent.go.kr)
- 한국생산성본부 (www.kpc.or.kr)
- 한국발명특허지원센터 (www.kipsc.or.kr)
- IP Academy (www.ipacademy.net)
- 그 외 변리사에 의해 운영되는 특허관련 수업이 있는 대학

특허출원을 위한
전자출원 가이드

명세서 작성이 완료되었으면 특허청에서 운영하는 특허로 사이트를 이용하여 전자출원을 진행해보자.

특허로 사이트 주소: www.patent.go.kr

특허출원을 처음 하는 경우라면 먼저 사용자 등록을 해야 한다.
특허로 사이트에 접속하여 '사용자 등록/변경'을 클릭하고 왼쪽 메뉴의 '특허고객번호부여신청'을 클릭한다. 그 뒤로 필요한 소프트웨어를 설치하고 등록 절차를 진행하면 된다.

인감증명서 또는 서명이 필요하며 서명은 휴대폰으로 촬영한 사진을 첨부해도 된다. 그리고 출원절차 진행을 위해서 공인인증서의 등록도 필요하니 사전에 공인인증서를 준비하는 것이 좋다.

모든 사람들이 쉽게 출원을 할 수 있도록 특허로 사이트에 상세한 매뉴얼들이 준비되어 있다.

'전자출원 알아보기'→'전자출원 매뉴얼'에 들어가면 쉽게 설명이 되어 있으니 적극적으로 활용하기 바란다.

'특허고객번호부여 신청' 절차가 완료되었으면 '출원신청'→'전자출원SW 설치'를 클릭하여 전자출원 소프트웨어를 설치한다. '전자출원SW 설치' 페이지에 들어가면 프로그램별로 상세한 사용설명서가 포함되어 있으니 같이 다운받아 놓으면 많은 도움이 될 것이다.

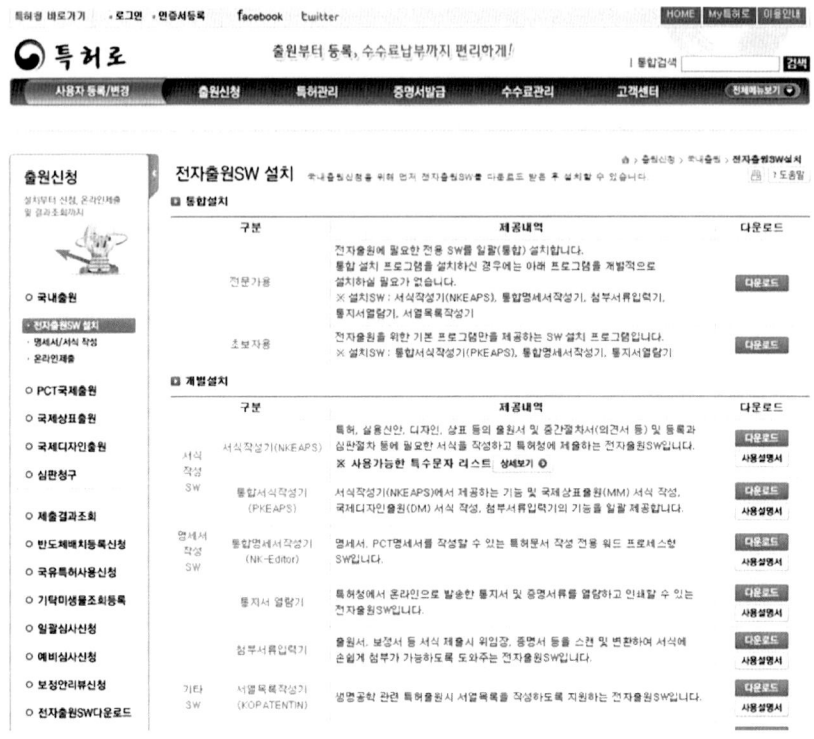

전자출원SW는 전문가용이나 초보자용 둘 중 아무거나 설치해도 무방하며, 프로그램 통합설치를 하면 편리하다. 본 책에서는 전문가용 소프트웨어를 기준으로 진행한다.

프로그램설치가 완료되면 '통합명세서작성기'를 실행한다.

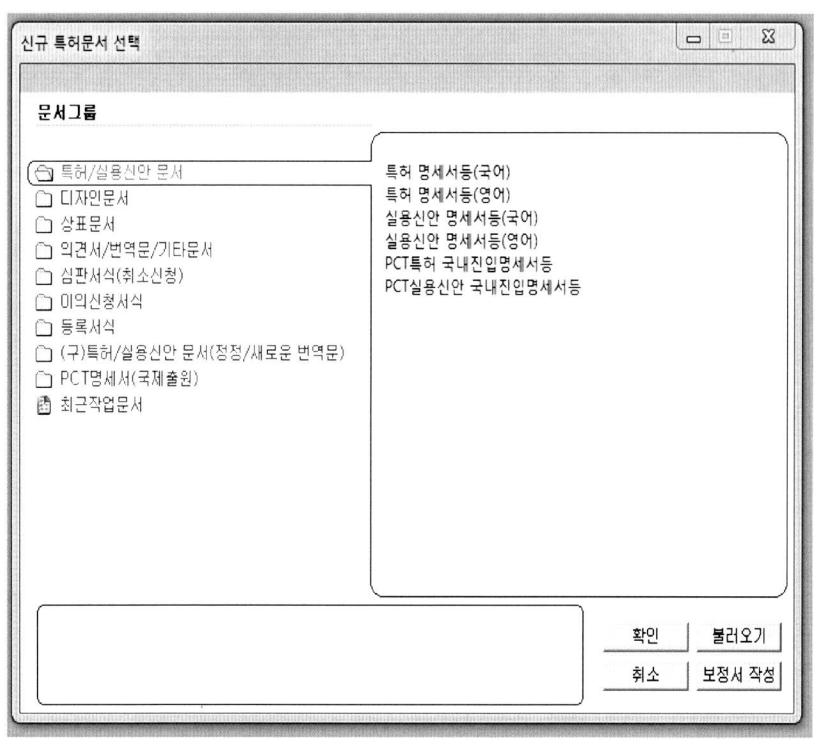

프로그램을 실행하면 '신규 특허문서 선택' 창이 뜨는데 여기서 '특허/실용신안 문서'→ '특허 명세서등(국어)'를 선택하고 확인을 클릭한다.

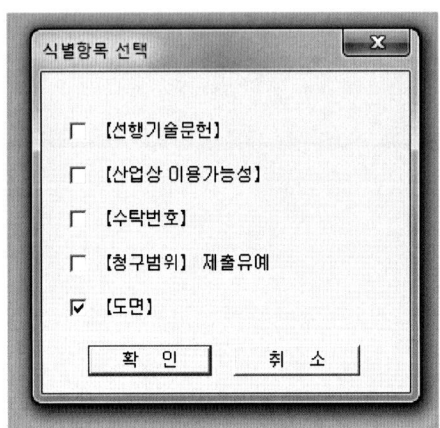

그 뒤 '식별항목 선택' 창이 뜨는데 '도면'이 선택된 상태로 두고 확인을 클릭한다.

※ 본 책에서는 개인 아이디어를 출원하는 학생 수준의 개인을 대상으로 하므로 '선행기술문헌', '산업상 이용가능성', '수탁번호', '청구범위－제출유예'를 활용하는 경우는 다루지 않는다.

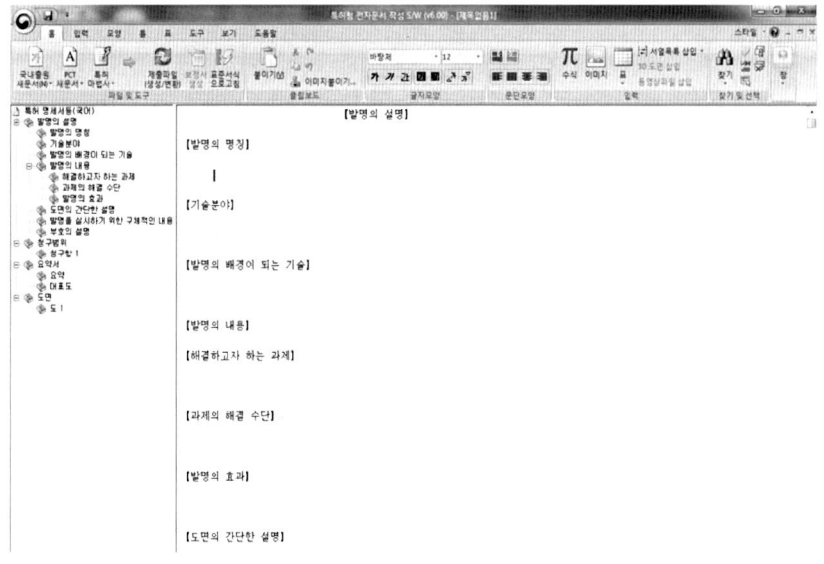

이후 위와 같이 명세서를 작성할 수 있는 창이 뜬다. 본 명세서 작성 프로그램과 매뉴얼을 참조하여 명세서를 작성해도 되고, 워드 프로그램으로 작성해 놓은 명세서가 있다면 한 항목씩 복사/붙여넣기를 진행한다. 도면도 복사/붙여넣기가 가능하며, 복사/붙여넣기를 완료한 후에는 '제출파일(생성/변환)'을 클릭한다.

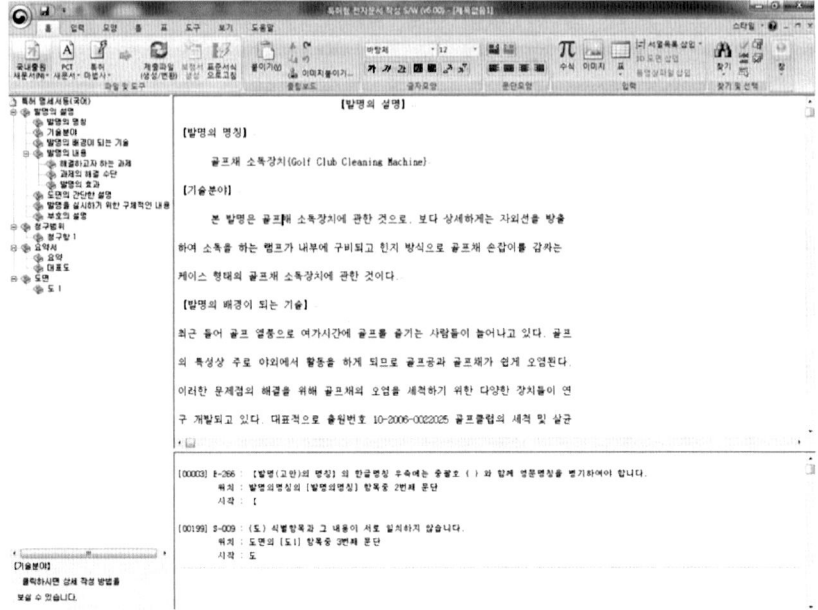

이때 오류가 발생하면 명세서 아래에 별도의 창이 뜨게 되는데 오류 메시지를 참조해서 수정을 진행하면 된다.

본 예시에서는 명칭의 영문명이 입력되지 않았고, 도면의 식별항목에 오류가 발생하였다. 청구항과 도면의 경우는 그 수에 따라 항목이 늘어나는데, 추가된 항목은 아래와 같이 명세서 작성 프로그램의 양식을 그대로 복사/붙여넣기하고 숫자를 변경한다.

【청구항 1】
【청구항 2】
【청구항 3】

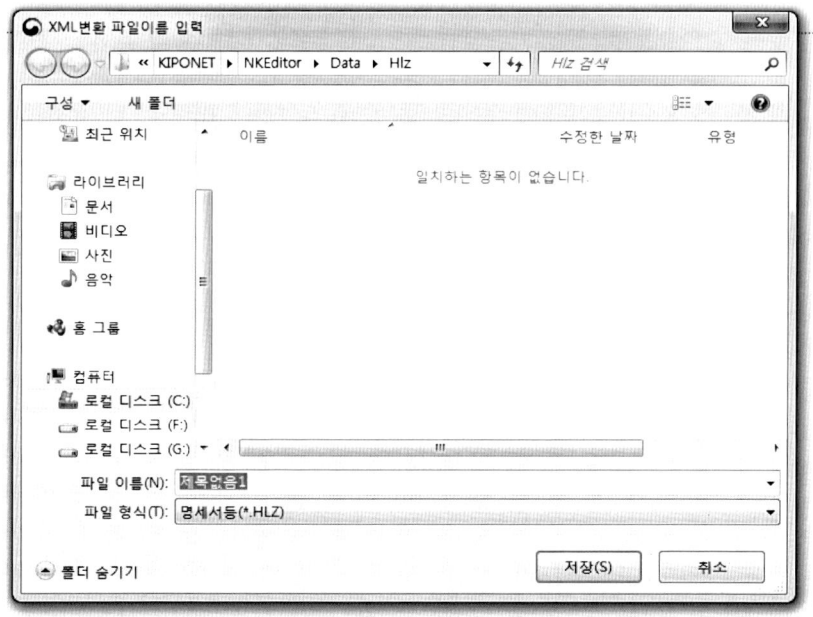

오류를 모두 해결하고 나면 위와 같이 명세서 작업 내용을 저장하기 위한 창이 뜨게 되는데, 파일명을 정한 후에 저장을 진행한다. 이때 파일의 저장 위치를 찾기 쉽게 별도의 경로를 지정하는 것이 좋다. 이 파일을 다음 출원 절차 과정에서 사용하므로 경로를 헷갈리지 않게 잘 설정해놓자.

이제 출원 절차의 진행을 위해 서식작성 프로그램을 실행한다.

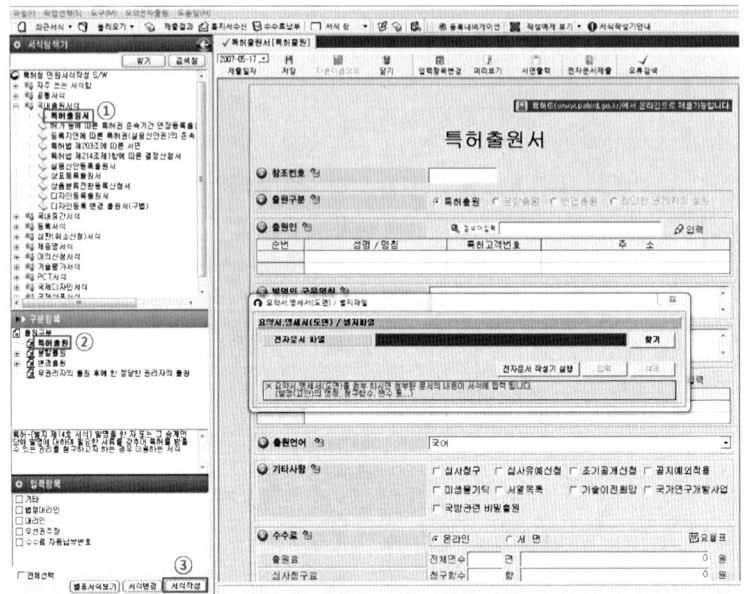

국내특허의 출원이므로 좌측 메뉴에서 '국내출원서식'→'특허출원서'→'특허출원'→'서식작성'을 차례로 클릭하면 상단의 '요약서명세서(도면)/별지파일 창이 뜬다.

앞에서 저장해놓은 명세서 파일의 경로를 찾은 후 입력을 클릭하면, '심사청구를 하시겠습니까?'라는 창이 뜨게 된다.

심사청구를 할 경우 다음 페이지와 같이 각 청구항마다 비용이 책정되며, 청구항이 많을수록 그 비용이 증가하게 된다.

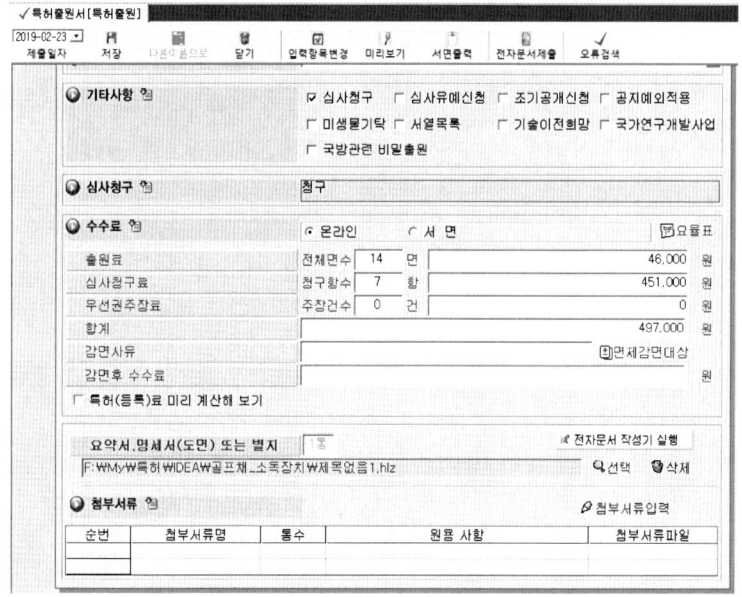

그리고 특허청 심사관의 검토 이후 중간사건 대응을 진행해야 하는데 특허 전문가가 아닌 이상 대응이 쉽지 않으며 많은 비용이 소요된다.

본 책에서는 특허의 출원이 목적이므로 심사청구를 하지 않고 진행한다. 독자 중 본인의 아이디어가 확실히 획기적이며 등록할 자신이 있다면 특허사무소를 통해 심사청구를 진행하는 것을 추천한다. 그리고 출원 이후 3년 동안은 심사청구를 유예가 가능하므로 우선 출원 이후 상황을 지켜보는 것도 방법이다.

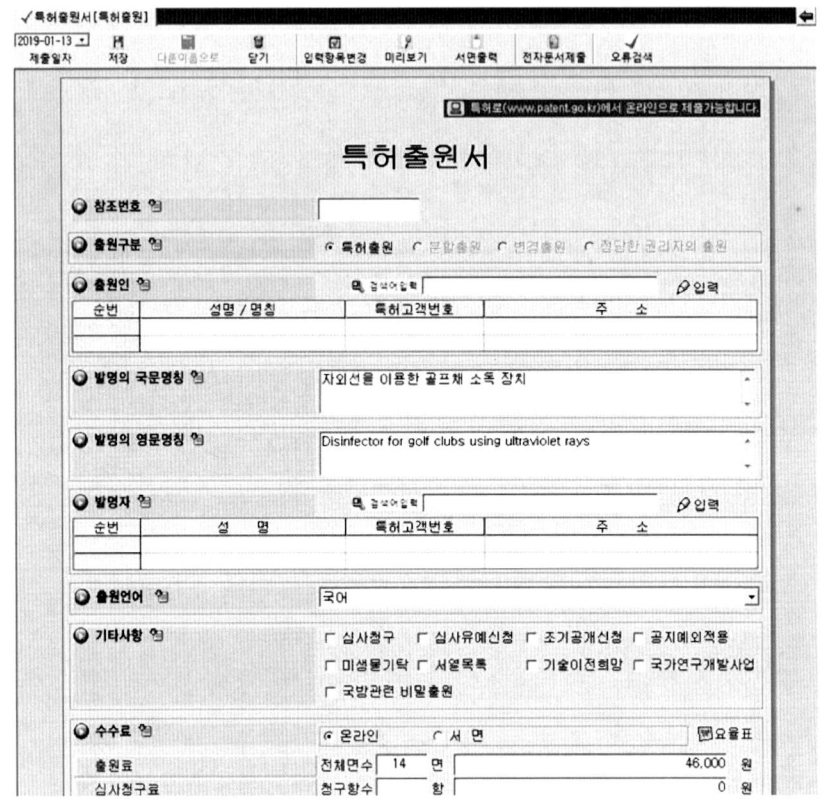

이제 출원인과 발명자 정보를 입력할 차례이다.

출원인에서 '입력'을 클릭하면 다음 페이지와 같은 창이 뜬다.

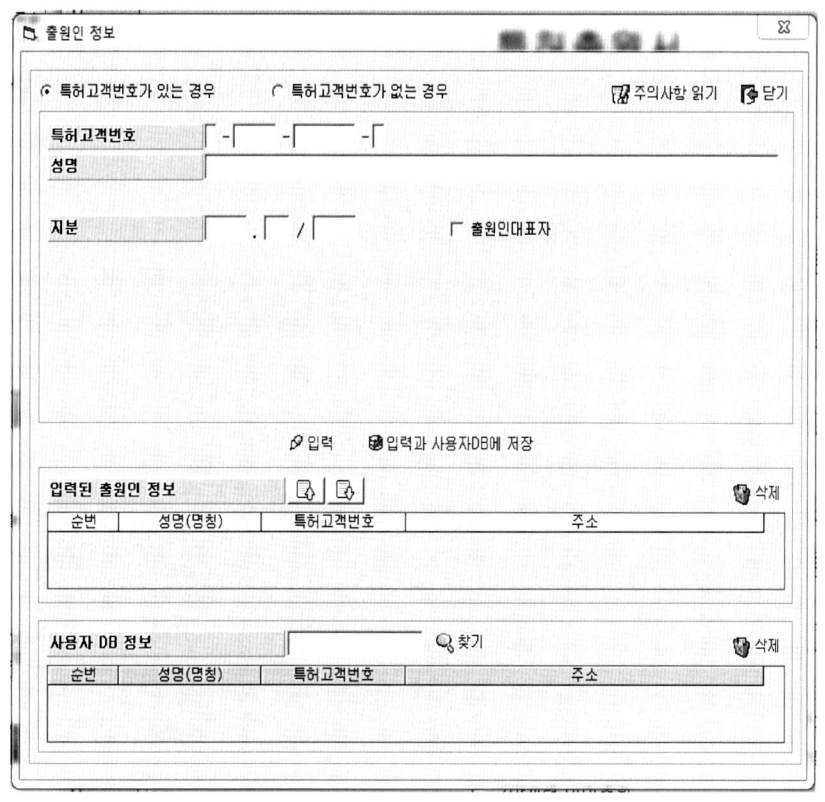

앞에서 '특허고객번호' 신청을 통해서 확보한 특허고객번호와 성명을 입력하고 '입력'버튼을 클릭한다.

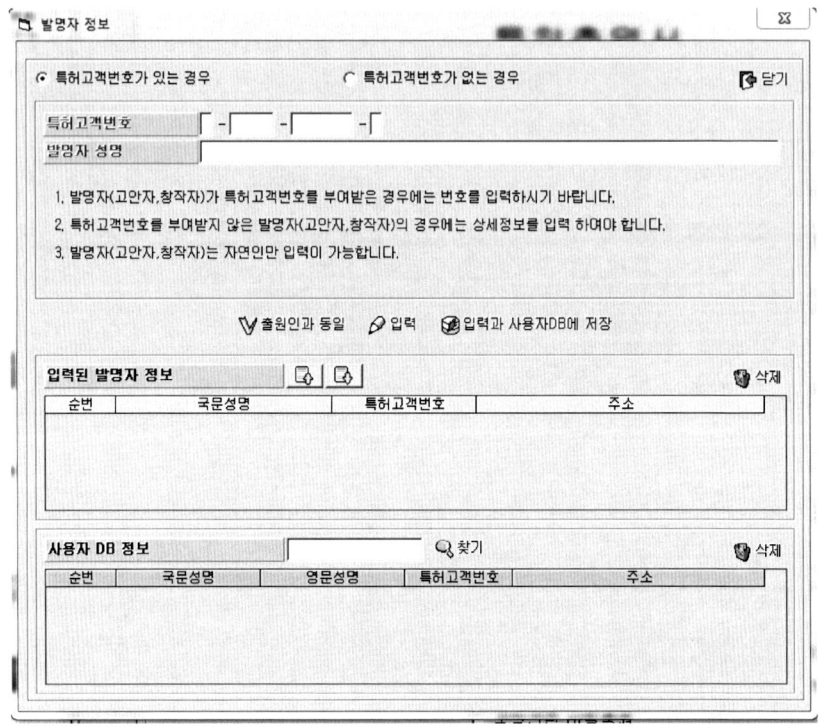

다음은 발명자 정보를 입력한다. 본 책의 독자들은 출원인겸 발명자이므로 '출원인과 동일' 버튼을 클릭하면 된다.

다음은 본 책에서 중요한 부분이다. 기타사항에 여러 항목 중 '조기공개신청'을 선택한다. '조기공개신청'을 하게 되면 출원 후 한 달 뒤에 외부에 공개가 되어 특허 검색 사이트인 '키프리스'에서 조회를 할 수 있다.

지금까지의 출원 목적이 취업을 위한 실적확보이므로 공채시작 시점이 얼마 남지 않았다면 반드시 '조기공개신청'을 선택하도록 하자.

조기공개를 하지 않으면 출원 후 1년 6개월 뒤에 공개가 되므로 실적으로 활용하기가 쉽지 않다.

출원 수수료는 출원인에 따라 면제 또는 감면 받을 수 있으므로 꼭 '면제감면대상' 버튼을 클릭하여 본인이 해당되는 부분을 확인하도록 하자. 대상자에 따라서 관련 서류를 첨부해야 할 수도 있다.

모든 작업이 완료된 후 '전자문서제출' 버튼을 클릭하면 공인인증서를 활용하여 제출 절차를 진행하게 된다.

이 과정부터는 서식작성기의 사용설명서와 동일하므로 생략하기로 한다. 정상적으로 제출이 완료되면 특허로 사이트의 '수수료 관리' 항목에 들어가서 수수료를 납부하면 된다.

제6장

특허,
나의 역량을
대변하는 수단.

지역의 정보를 소개하는 TV 프로그램이나 언론을 보다보면 간혹 특허 받은 레시피로 음식을 만드는 식당을 볼 수 있다. 프로그램 내에서도 특허를 받았다는 것을 계속 강조하곤 한다. 그리고 먹자골목이나 시장 등을 지나다 보면 식당 간판에 특허출원번호가 있거나 식당 안에 특허증이 걸려있는 경우도 종종 볼 수 있다.

그 외에도 '특허 받은 생활영어'나 '특허 받은 일본어 한자 암기박사', '특허 받은 영어 리딩 비법' 등 제목에 특허를 받았다는 것을 강조하는 책들도 흔히 볼 수 있다. 이렇듯 특허를 마케팅 수단으로 활용하는 경우를 가끔 볼 수 있는데, 독자들은 이렇게 특허를 전면에 내세운 식당이나, 책 등을 보면 어떤 생각이 드는가?

뭔지는 모르겠지만 왠지 높은 수준이거나, 특별한 비법이나 기술이 있는 것 같은 느낌이 들지 않는가? 대부분의 사람들은 그 특허의 내용을 정확하게 알 수는 없지만 특허를 받았다는 것 하나만으로 무언가 특별하다는 느낌을 받는다.

물론 특허를 받은 당사자는 그 특허 받은 비법이나 기술을 개발하기 위해 부단한 노력을 기울였을 것이다. 이렇듯 '특허'라는 이 단어 하나가 어떠한 사물이나 비법, 그것을 개발한 사람을 특별하게 만드는 효과가 있다. 그래서 최근 들어 특허를 마케팅 수단으로 활용하는 사례가 많이 나타나고 있다. 독자가 읽고 있는 이 책 또한 특허를 이용해 개인의 역량을 돋보이게 하는 방법을 소개하고 있다.

그렇다면 이렇게 무언가를 특별하게 만들 수 있는 능력을 가진 특허란 무엇일까? 보통 사람들은 특허가 어렵다고 생각한다. 그도 그럴 것이 특허 명세서를 보면 어려운 단어들이 많다. 평소에 거의 쓰일 일이 없는 한자어인 '구비'나 '외측', '마련되다', '절곡', '도시하다' 등을 대부분의 명세서에서 쉽게 볼 수 있다. 거기다 한 문장의 길이도 매우 길어서 주어의 위치도 찾기 어려울 정도다. 이렇게 특허 업종에 종사하는 전문가들이 작성한 명세서와 관련 문서들이 일반인들에게 특허라는 분야를 어렵게 느끼게 만든 것이 아닐까 싶다.

특허를 간단하게 설명하면 발명한 사람의 아이디어의 권리를 보호해주는 일종의 증명서이다.

이 증명서는 특허청에 아이디어를 처음 신고한 날로부터 20년 동안 유지된다. 물론 유지하려면 등록료를 특허청에 매년 내야한다. 그리고 이 증명서에 있는 아이디어를 따라하거나 비슷한 것을 만들어 사용하려면 발명한 사람에게 허락을 받아야 한다. 만약 허락을 받지 않고 사용한다면 발명자가 손해를 본 금액의 최대 3배까지 보상해주거나 징역형을 받아야 한다. 이렇듯 특허는 법적으로 아이디어를 처음 생각한 사람의 권리를 강력하게 보호해주는 수단이다.

만약에 특허가 없다면 어떻게 될까? 밤잠을 설쳐가면서 간신히 문제를 해결하고 생각해 낸 아이디어를 다른 사람들이 마음대로 사용한다면? 아마 아무도 새로운 아이디어를 내려고 하지 않을 것이다. 누군가 생각해낸걸 간단하게 베끼면 되니 아무도 복잡하고 어려운 것을 생각하려고 하지 않을 것이다. 결국엔 국가의 기술발전도 매우 느리게 진행되거나 아예 멈춰질 것이다.

즉, 특허의 근본적인 목적은 국가 기술의 발전이다. 또한 특허를 출원일로부터 1년 6개월 후에 공개하는 것은 누군가가 어렵게 생각해낸 아이디어를 보호하고, 동일한 문제를 해결하기 위해서 똑같은 고민을 하는 일을 방지하기 위해서이다. 그리고 공개한 아이디어를 참조하여 전문가들이 좀 더 새로운 아이디어를 생각해 낼 수 있는 모티브를 제공해줄 수 있다.

이렇듯 특허의 중요성은 한동안 뉴스를 장식했었던 삼성과 애플의 특허전쟁 사건을 통해서도 독자들이 잘 알고 있으리라 믿는다. 특허는 기업의 기술을 보호하고 나아가서 기업 자체의 존폐여부에도 많은 영향을 줄 수 있다. 그렇다면 이렇게 중요한 특허가 될 수 있는 아이디어들은 어떤 것들이 있을까? 어떻게 보면 당연한 얘기지만 광속보다 빠른 우주선과 같이 상식적으로 말도 안 되는 허무맹랑한 아이디어들은 특허가 될 수 없다.

특허가 될 수 없는 아이디어, 즉 발명이 되지 않는 조건은 아래와 같다.

(1) 자연의 법칙 그 자체
(2) 단순한 발견
(3) 자연의 법칙을 무시한 아이디어
(4) 자연의 법칙을 이용하지 않은 아이디어
(5) 사람의 심리를 이용한 방법
(6) 연습을 통해서 얻을 수 있는 기술
(7) 미술작품
(8) 현실적으로 불가능한 과대망상

발명은 많은 고민 끝에 어렵게 생각하여 만들어낸 것을 뜻한다. 즉 누가 봐도 쉽고 간단하게 만들어진 것은 특허가 되기 어렵다. 그리고 아이디어 상이라도 사람의 생각을 통해 만들어진 결과물이 있어야 한다. 만유인력의 법칙과 같은 자연의 법칙은 사람이 생각해낸 것이 아니라 자연 속에 이미 존재하는 것이다. 사람이 어렵게 창조해낸 것이 아니므로 발명이 될 수 없다. 이와 같은 맥락으로 물의 온도를 낮추면 얼음이 되는 것처럼 단순한 발견도 발명이 될 수 없다. 또한 무한동력장치와 같은 자연의 법칙을 무시하거나 이용하지 않은 아이디어도 발명이 될 수 없다.

이성을 좋아하게 만드는 방법도 발명이 될 수 있을까? 어떤 사람에게는 그 방법이 통할 수도 있고, 아닌 사람도 있을 것이다.

즉, 사람의 심리를 이용한 방법은 발명이 될 수 없다. 누구든지 반복해서 같은 결과를 얻을 수 있는 것만이 발명이 될 수 있다.

통나무를 5분 만에 방망이로 깎는 기술은 어떨까? 숙련된 전문가가 아닌 일반 사람에게 어떠한 요령을 알려줘도 5분 만에 만들기는 어려울 것이다. 많은 연습을 통해서 얻을 수 있는 기술이나 요령 또한 발명이 될 수 없다.

미술작품 또한 마찬가지이다. 풍경화, 인물화 같은 그림이나 조각상 등은 발명이 될 수 없다. 산업의 발전에 이바지할 수 있는 기술이 집약된 제품이 아니며 단지 사람의 감정에 영향을 주는 것이다. 게다가 사람마다 느끼는 감정이 모두 다른 것이 미술작품이다. 단 디자인 특허는 차이가 있다. 디자인 특허는 제품의 판매를 높이기 위해 출원하는 것으로서, 미적인 효과를 얻기 위한 일종의 제품도면이다. 감성적인 의미만을 내포하고 있는 미술작품과는 다른 것이다.

그리고 현재의 기술수준으로 구사하기가 불가능한 과대망상 아이디어는 발명이 될 수 없다. 한반도 전체를 덮는 우산이나 산을 옮기는 장치 등 현재의 기술로는 구현할 수 없는 것들은 발명이 될 수 없다. 다만, 일정 기간이 경과했을 때 구현이 가능할 수 있을 것으로 예상되는 아이디어는 특허로 인정받을 수도 있다. 이렇게 특허가 될 수 있는 발명의 조건에 주의하면서 아이디어를 생각해야 한다.

특허에는 아래와 같은 특징이 있다. 더 많은 특허 제도가 있지만 상식 수준으로 알면 좋은 내용만 따로 간추렸다.

(1) 본인이 원하지 않아도 출원한 날짜로부터 1년 6개월이 지나면 공개된다.
(2) 본인이 원한다면 출원과 동시에 공개를 신청할 수 있다.
　　이 경우, 약 1개월이 지나면 공개된다.
(3) 특허를 출원한 후 3년까지 심사청구를 할 수 있다. 그 이후까지 심사청구를 하지 않으면 등록을 받을 수 없으며 누구나 사용할 수 있는 기술이 된다.
(4) 심사청구를 하게 되면 청구항마다 심사청구비용이 든다.
(5) 특허를 등록받지 못하면 누구나 사용할 수 있는 기술이 된다.
(6) 특허등록 이후 매년 등록료를 납부하지 않으면 소멸되고,
　　누구나 사용할 수 있는 기술이 된다.

특허는 그 제도상 출원하고 나서 1년 6개월이 지나고 나면 누구나 볼 수 있게 공개가 된다. 키프리스나 네이버, 구글 등의 검색으로 볼 수 있게 되는 것이다.

따라서 누구나 따라 할 수 있는 노하우나, 요리의 모든 재료와 방법이 포함된 레시피 등은 특허로 출원하면 불리하다. 게다가 노하우나 레시피를 누군가 사용하는 것은 확인하기가 매우 어려우므로 특허를 침해했다고 소송을 걸기도 쉽지 않다. 노하우나 요리 레시피와 같은 것들은 본인만이 간직하는 것이 더 좋다.

그리고 특허를 출원할 때나 출원 후 3년 안에 심사청구를 할 수 있다. 이 심사청구가 바로 특허청으로부터 인증을 받기 위해 필요한 조건이다. 심사청구를 받지 않고 3년의 기간이 지나면 그 특허는 그냥 일반에 공개된 상태가 된다. 즉, 누구나 거리낌 없이 사용할 수 있는 것이다.

심사청구를 하게 되면 심사청구료가 발생하는데 청구항의 개수마다 각각의 비용이 든다. 청구항 수가 많아지면 통상적으로 100만원 정도의 비용이 필요하게 된다. 이 심사청구료는 바로 특허청의 심사관이 각각의 청구항을 심사하는데 소요되는 비용, 즉 일종의 수고비이다. 비용이 적지 않으므로 개인이 특허를 등록하는 것은 사실상 쉽지 않다.

그래서 보통 특허의 심사청구와 등록은 개인보다는 기업이 많이 진행하는 편이다.

거기다 특허의 등록 과정은 생각보다 쉽지 않고 6개월에서 1년 정도의 상당한 시간이 걸린다. 특허가 등록되지 않은 이유를 줄줄이 달아서 특허청의 심사관이 서류로 보내오기 때문이다. 어떻게 찾았는지 신기하게도 거의 동일한 기술들을 잘도 찾아낸다. 주로 일본에 있는 특허가 많은데 심사관의 거절 의견에 반박하는 서류를 작성하는 것도 쉽지 않다. 그래서 특허에 대한 전문지식이 있는 특허사무소나 변리사를 이용하게 되는데 이 또한 대행비용이 만만치 않게 소요된다.

등록이 결정된 이후에도 끝이 아니다.

초기 등록료를 납부하고 난 이후에 매년 일정 금액의 등록유지비용이 필요하다. 거기다 이 등록유지비는 매년 조금씩 오른다. 등록유지비를 납부하지 못하면 그 특허는 소멸되게 되는데, 결국 또 아무나 사용할 수 있는 기술이 되어 버린다.

여러모로 보나 특허의 등록이라는 것은 쉽지도 않고 유지도 쉽지 않다. 특히 개인의 입장에서는 말이다. 그래서 나는 특허를 출원하고 나서 3년 동안 상황을 지켜보는 것을 추천한다. 정말로 수익을 낼 수 있는 기술인지, 등복 가능성은 높은지, 청구항의 권리범위가 넓어서 쉽게 피할 수 없는 기술인지의 여부이다.

성공이 확실시 되는 기술이 아니라면 무리하게 등록하지 않고 그냥 공개되게 두는 것이 좋다고 생각한다. 왜냐하면 특허권만을 가지고는 수익을 내는 것은 매우 어렵기 때문이다.

특허로 일확천금이나 기술료 수익을 꿈꾸고 있는 사람이 있다면 하루빨리 그 달콤한 꿈에서 깨시길 바란다. 정말 좋은 기술의 특허라면 대기업이나 큰손들의 특허무효소송 등의 공격을 받아 무효가 되거나, 어떻게든 인정하지 않고 피해가는 방법을 찾아낸다. 일반 개인에게는 '특허 = 수익원'이 아니며, 특허 전쟁은 특허 전문가들의 리그이다. 개인이 특허기술료로 수익을 내는 경우도 있지만 그건 정말 가뭄에 콩 나는 것보다 드문 경우다. 특허는 너무 어렵게 볼 대상이 아니지만 반대로 너무 만만하게 볼 대상도 아니다.

이외에도 특허의 등록 요건이나 특허제도 등과 같은 정보들은 인터넷이나 관련된 교과서적인 서적들로부터 쉽게 정보를 얻을 수 있으므로 본 책에서는 생략하겠다. 네이버나 다음과 같은 포털에서 '특허 등록 방법' 이나 '특허 제도'를 검색하면 많은 정보를 찾아서 확인할 수 있다.

1장에서부터 계속 강조해왔지만 나의 아이디어의 강력한 법적 보호수단이자 증명서인 특허를 잘 활용한다면 취업전쟁에서 나의 역량을 어필할 수 있다. 게다가 특허 출원을 위한 아이디어를 만들어내는 과정에서 또 다른 기회를 얻을 수도 있다.

예를 들면, 특허를 이용해서 많은 수익을 창출하였으며 현재 특허개발 컨설팅 대표이사이자 특허출원협동조합 이사장으로 있는 허주일 대표가 있다. 이분의 경우 본인이 만든 아이디어를 출원한 특허의 라이선스 계약을 통해 지속적인 기술료 수익을 얻고 있다. 여기서 내가 강조하고 싶은 것은 특허 라이선스 기술료가 아니다. 바로 아이디어를 만들어 내는 과정이다. 이 책에서 중요한 부분 중 하나가 바로 4장의 아이디어 도출 과정이다. 비록 취업에 활용하기 위한 특허 출원 과정이지만, 지속적인 아이디어 도출을 반복하다 보면 생각하지도 못한 새로운 기회를 얻을 수도 있다.

재차 강조하지만 특허 출원은 손해 볼 것이 없다. 여기까지 읽은 독자라면, 아니 책을 끝까지 읽었다면 즉시 실천에 옮기는 것을 시작하라.

아이디어는 본인의 주변에서 얼마든지 찾을 수 있다. 평소에 본인이 하는 행동이나 사용하는 물건 그리고 주로 가는 장소를 유심히 관찰하는 것부터 시작하라. 본인이 신발을 신는 과정이나 사용하는 필기구, 평소에 매던 가방, 늘 이용하던 대중교통 등 평소에 무심코 지나쳤던 모든 사소한 불편함을 개선하는 것만으로도 새로운 아이디어가 되고 특허가 될 수 있다. 무엇보다 이러한 과정을 거쳐서 얻는 특허들이 바로 당신의 역량이자 치열한 취업전쟁터에서의 강력한 무기가 될 수 있을 것이다.

최근 최저임금 상승과 주5일제 및 주간 근무시간제한 등 사회 전반적인 변화로 인해 기업들의 투자가 줄어들며 취업이 더욱 어려워지고 있다. 내가 취업을 준비하던 그 시절보다 더욱 어려워졌음을 몸소 느낄 수 있을 정도이다.
이 책을 시작한 것은 이렇게 어려운 환경 속에 취업에 매진하는 모든 취업준비생들에게 한줄기 희망을 전하기 위해서이다. 나 역시 나만의 역량을 발견하지 못해 취업을 준비하는 과정에서 수많은 좌절과 시행착오를 겪었었다.
부디 좌절하지 말고 이 기회를 통해 본인만의 역량을 찾고 갈고 닦아 반드시 성공하길 진심으로 바란다. 아이디어를 발굴하고 특허를 출원하는 과정과 취업 전략으로의 활용을 통해 이 어려운 현실을 타파하고 역전할 수 있을 것이라 믿는다. 물론 취업을 위해 필요한 다른 조건들도 충실하게 준비를 해야 한다.

특허는 기본이 갖춰져 있을 때 더욱 빛을 발할 수 있다. 어학이나 학점과 같이 기본적인 역량을 입증하는 소양을 갖추지 않고 특허에만 매진하는 어리석음을 보이지 않기 바라며 특허를 개인이 가진 기본기에 '플러스'로 활용하는 현명함을 지니길 바란다.

마지막 본인의 경험담으로 좌절직전의 면접을 특허전략으로 돌파했었던 일을 소개하며 마무리하고자 한다.

"5조, 면접장으로 이동하시겠습니다."
여느 면접과 같이 같은 조의 지원자들과 함께 면접장에 들어갔다.
"차렷, 경례!"
"안녕하십니까?"
"네 반갑습니다. 앞에 자리에 앉으세요."

"감사합니다."
매번 느끼는 거지만 면접을 보는 회사마다 그 시작은 비슷하다.
이번에 면접에 참석한 회사는 압박면접으로 유명했다. 그래서 나는 평소와 다르게 조금 긴장을 한 상태였다.
면접장에 들어가자 지원자는 5명인데, 중간에 면접관 자리 하나가 비어 있는 것이 보였다.
"제일 왼쪽 지원자부터 한분씩 자기소개를 간단하게 시작해주세요."
나는 평소와 같이 준비해온 자기소개를 했다.

"창의적 사고로 아이디어를 창출하는 아이디어 뱅크, 지원자 구정민입니다."
"저는 평소 기존의 것을 개선하고 새로운 아이디어를 생각하는 것을 즐겨했고, 학창 시절 동안 10건의 특허를 출원했습니다. 저의 이러한 경험으로 귀사의 OO업무를 수행하는 동안 항상 새로운 아이디어를 창출하고 이를 특허로 출원할 것입니다."
특허를 위주로 내가 만든 자기소개는 이제 익숙해져서 어렵지 않게 마칠 수 있었다.

지원자 모두의 자기소개가 끝나고 개별로 질문을 시작한 바로 그때였다. 면접실 문이 거칠게 열리더니 면접관 한명이 씩씩거리면서 들어오는 것이었다.
그랬다. 비어있던 자리의 주인이었던 것이다.

그 면접관은 자리에 앉자마자 들고 있던 서류를 책상에 탁 던지면서 소리 질렀다.
"구정민씨!! 면접 시작하기 전에 인적성 검사시트 작성하셨죠? 그런데 첫 장은 아예 작성을 안 하셨네요. 이러면 내가 구정민씨가 어떤 사람인지 어떻게 파악을 할 수 있습니까?!"
순간 머리가 멍해졌다. 면접을 들어오기 전에 모든 지원자들이 인적성 검사 시트를 작성했었는데, 나는 첫 페이지를 인적성 검사 작성 방법을 설명한 페이지인줄 알고 그냥 넘겼던 것이다. 내가 이런 어처구니없는 실수를 다하다니…

"아 그게 깜빡했습니다. 죄송합니다."

당황한 나는 버벅거릴 수밖에 없었다.

"죄송이고 뭐고 이 상태로는 구정민씨의 면접 진행이 안 돼요."

본인을 심리학전문가로 소개한 그 면접관은 내의 정보의 불명확함으로 인해 더 이상 면접 진행이 어려움을 재차 강조했다.

이번 면접은 어쩔 수 없이 포기해야겠구나.. 이렇게 생각하니 마음이 편해졌다.

하지만, 떨어질 때 떨어지더라도 준비해온 것은 다 보여주고 가야겠다!!

"그래도 다시 한 번 기회를 주십시오."

"제가 뭘 보고 구정민씨에게 기회를 줘야 됩니까?"

"여기 면접을 위해서 많은 준비를 했습니다. 아이디어도 준비해왔구요."

"그럼, 아까 자기소개에서 특허가 좀 있다고 했는데 한번 소개해주시죠."
나의 자기소개를 들었던 다른 면접관이 거들었다.

"네 그럼 잠깐 화이트보드를 쓰겠습니다."

나는 면접실 벽에 있는 화이트보드로 갔다. 무슨 글씨들이 쓰여 있었는데 일단 깨끗하게 지웠다.

"아니 그걸 물어보지도 않고 지우나요?"

면접관들의 항의로 다시 면접실이 소란스러워졌다. 여기저기 어이없어하는 웃음소리도 들렸다. 생각해보니 면접관들이 사용하는 노트북의 면접사이트 접속용 인터넷 주소였던 것 같았다.

"아, 네 제가 또 실수를 했네요. 죄송합니다."
다른 지원자들을 포함하여 면접관들이 나를 얼빠진 사람으로 보는 분위기가 느껴졌다.

"저는 귀사의 특허들을 관심 있게 봤습니다. 그 중에 이 특허에 주목을 하고 예상되는 문제점을 해결하는 아이디어를 내봤습니다."

나는 내가 준비해온 아이디어를 화이트보드에 그려가며 설명을 했다. 기존의 특허에서 예상되는 문제점과 이를 해결하기 위한 아이디어였다.

"우리 연구소 사람들이 바보도 아니고 그런 문제점을 모르고 있을까요?"

한 면접관이 말했다.

"네 그럴 수도 있지만, 제가 생각한 문제점과 아이디어는 이렇습니다."

아이디어에 대한 설명을 끝내고 나니 면접의 분위기가 달라졌음을 느낄 수 있었다.

그 뒤부터는 평소와 같은 페이스로 면접을 진행할 수 있었.

면접의 결과는?

물론 최종합격이었다.

지금도 나는 회사에 입사한 이후에도 특허를 출원했던 경험을 많이 활용하고 있다. 생각보다 유용한 경우가 많다. 일정규모 이상의 대기업일 경우 매년 각 조직별로 특허출원 실적이 할당된다. 특허 설계, 연구소와 같이 기술과 관련된 부서일 경우 매년 달성해야할 목표 건수가 있으며, 임직원의 진급을 위한 평가에 참조하기도 한다.

실적이 할당된 부서에서 근무하지는 않았었지만, 나는 회사에 입사한 뒤 약 20건 이상의 특허를 더 출원했다. 거기다 특허 실적을 채우지 못해 어려움을 겪고 있는 회사 동료들에게도 출원할 수 있는 아이디어를 주기도 했다. 아이디어를 만들어 내는 것에 익숙한 나에게는 특허를 출원하는 것이 크게 어려운 일이 아니었다. 그래서인지 지금까지도 가끔 특허로 출원할 아이디어가 없는지 문의하는 사람들이 있다.

특허가 지금 내가 하고 있는 업무의 많은 부분을 차지하는 것은 아니지만 직장동료와의 관계나 업무진행 측면에서 꽤나 도움은 주고 있는 것이다. 취업하기 전 반복해서 사용했던 아이디어를 도출하는 방법은 실제 업무에도 도움이 되고 있다.

문제의 근본원인을 파악하고 아이디어를 내어 해결책을 찾는 과정은 회사에서 하는 모든 업무의 기본적인 프로세스이기 때문이다.

취업을 위해 나의 역량을 대변하는 수단으로 활용했던 특허가 나의 실질적인 역량이 된 것이다.

'가장 기억에 남는 승리는 짜릿한 역전승이다.'

지금껏 우리나라에서 개최했거나 참가했던 스포츠 경기들이 기억나는가?
2002년 한일월드컵, 2016년 리우올림픽, 2018년 아시안게임, 평창동계올림픽 등..
가장 기억에 남는 경기는 일방적으로 이기는 경기가 아닌 바로 짜릿한 역전승이다.
이 책이 그동안 서류전형과 면접에서 수많은 탈락의 고배를 마셔왔거나, 지난 20여 년간의 노력을 보상받기 위한 취업전쟁을 목전에 둔 모든 취업준비생들에게 짜릿한 역전승을 할 수 있는 기회가 될 것이라고 믿는다.

지금은 힘들겠지만, 이 경험이 앞으로 남은 인생에서 마주할 힘든 시기마다 이겨낼 수 있는 큰 힘을 줄 것이다.
이것이 사회에서 요구하는 역량이다. 할 수 있다. 자신을 믿고 실천에 옮겨보길 바란다.

부록 1
저자의 특별한
아이디어 도출 방법 소개

저자의 특별한
아이디어 도출 방법 소개

본문에서 소개한 아이디어 도출 방법과 문제해결 방법론을 이용해서 막상 아이디어를 만들어 보려고 하면 쉽지 않다는 것을 알 수 있다. 모두 널리 알려진 훌륭한 도구들이지만 익숙하게 사용하려면 많은 연습이 필요하다. 따라서 독자들이 좀 더 아이디어를 쉽게 생각해낼 수 있도록 기존의 아이디어 도출 방법 일부를 융합한 심플한 방법론인 일명 [5W 문제해결 도구]를 소개한다.

이 아이디어 도출 방법은 저자들이 그 동안 개인적으로나 회사의 실무를 수행하는 과정에서 수많은 문제를 해결하고 아이디어를 도출한 과정을 이론적으로 재정립한 것이다. 결코 어려운 방법이 아니며 이 책을 읽는 독자들이 따라서 하다 보면 어느 순간 아이디어가 도출되는 것을 깨닫게 될 것이다.

  [5W 문제해결 도구]는 아래의 절차로 진행된다.

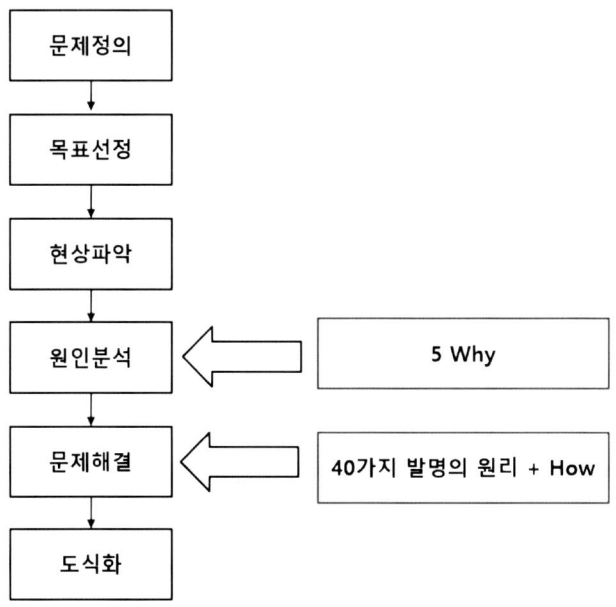

이 절차를 간단하게 요약하면 문제를 정의하고 5 Why 기법을 이용하여 원인을 세부적으로 분석한 후 트리즈의 40가지 발명의 원리를 적용하여 문제를 해결하는 것이다.

여기에서 아이디어를 취업을 위한 입증자료로 만들려는 독자들을 위해서 선행기술검색과 특허 출원/공모전 단계를 추가하였다.

물론 이 절차를 보고 실질적으로 문제를 해결하기 위한 아이디어를 만들기에는 너무 막연할 것이다. 따라서 실제로 문제를 해결하는 아이디어를 만드는 과정을 쉽게 도와줄 수 있도록 아이디어 도출 시트를 만들었다.

구분	사용도구	순서	항목	내용
문제정의		1	문제점 도출	
목표선정		2	목표	
현상파악		3	현상 1	
			현상 2	
			...	
원인분석	5 why	4	현상 1의 Why 1 단계	
			현상 1의 Why 2 단계	
			...	
			현상 2의 Why 1단계	
			현상 2의 Why 2단계	
			...	
문제해결	40가지 발명의 원리	5	현상 1의 해결방법 1	
			해결방법 1의 구체화 1	
			구체화 1의 How 1단계	
			구체화 1의 How 2단계	
			...	
			해결방법 1의 구체화 2	
			구체화 2의 How 1단계	
			...	
			현상 1의 해결방법 2	
			...	
			현상2의 해결방법 1	
			...	

이 시트는 앞에서 소개한 문제해결 도출 절차를 이용해서 만든 것으로 시트에 표기된 순서에 따라서 빈 칸을 채워나가면 자연스럽게 새로운 아이디어가 만들어지도록 구성되어 있다.

이제 앞에서 소개한 절차와 이 시트를 활용해서 한 단계씩 아이디어 도출 방법에 대해서 설명을 진행하겠다.

문제 정의 단계에서는 문제를 한 문장으로 간단하게 작성을 한다. 간단하게 여러분들이 일상생활에서 겪게 되는 불편함을 한 가지 적어보자. 과학의 발달로 현대 사회는 삼국시대나 조선시대와 비교했을 때 생활수준이 크게 높아졌다. 하지만 불편함을 찾겠다는 의식을 가지고 생활하다 보면 아직까지도 당신의 주위에서 수없이 많은 문제점을 찾을 수 있을 것이다. 예를 들면 '지갑과 신용카드를 자주 분실한다', '양말에 쉽게 구멍이 난다' 등이다.

목표선정 단계에서는 이 문제를 해결하고자 하는 목표를 작성한다. 그리고 현상파악 단계에서는 문제점이 발생하는 상황이나 문제점을 구체적으로 작성한다. 이 3가지 단계는 얼핏 보면 불필요해 보일 수도 있지만 이렇게 문제를 구체적으로 정리하는 과정에서 해결해야 할 문제점의 근본적인 원인을 파악하는데 많은 도움이 된다. 또한 회사에서 보고서나 기획서를 작성할 때도 반드시 들어가야 하는 과정이다. 지금부터 이렇게 문제를 정리하는 연습을 해놓으면 취업 후 회사에서 실무를 수행할 때 분명히 많은 도움이 될 것이다.

원인분석 단계에서는 가장 널리 알려진 5 why 기법을 활용한다.

바로 전 단계인 현상파악 단계에서 현상들에 대해 각각 5 why 기법을 대입하여 각 현상들의 원인을 집중적으로 파악하는 것이다. 이 원인분석 단계에서 독자들은 현상파악 단계의 효과를 체험할 수 있을 것이다.

5 why 기법은 한 가지 현상에 대해서 5번 왜? 라는 질문을 하여 근본 원인을 파악하는 것이지만 5번 이내에 근본원인을 파악할 수도 있다.

문제해결 단계에서는 원인에 대한 해결방법을 40가지 발명원리를 하나씩 대입하여 찾아낸다.

그리고 찾아낸 각각의 해결방법에 대해서 구체화 단계를 거친다. 이 구체화는 "어떻게?", "How"에 대한 답을 생각하는 것으로 진행된다. 이 구체화 단계도 최대한 구체적인 아이디어가 나올 때까지 반복하는 것이 좋다. 만약 구체화 단계를 통해서 얻어진 아이디어를 실행에 옮기려고 할 때 또 다시 문제가 생긴다면 이 문제에 대해서 다시 문제정의 단계로 돌아가서 반복하면 된다.

도식화 단계에서는 위의 과정을 통해서 얻은 아이디어를 실제로 그려본다. 이 과정은 아이디어를 더욱 구체화하는데 많은 도움이 된다. 도식은 널리 알려진 포토샵이나 캐드, 3D MAX 등과 같은 그래픽 툴을 활용해도 되지만 손으로 직접 그리는 것을 추천한다.

추가로 책을 읽는 독자들이 아이디어 도출 방법을 연습할 수 있도록 적용 사례를 만들어 보았다.

이 책에서는 지면상의 한계로 3가지만 예로 들지만 일상생활에서 깨닫게 되는 불편함을 해결해야 할 문제로 만들어 아이디어를 도출하는 연습을 꾸준히 반복해보라. 처음에는 익숙하지 않겠지만 한 단계씩 차근차근 따라하다 보면 독자만의 새로운 아이디어를 만드는 데 도움이 될 것이다.

최근 부각되고 있는 1만 시간의 법칙처럼 창의력은 반복적인 연습을 통해서 충분히 향상될 수 있다.

적용 사례 1) 발광 셔틀콕

해가 질 무렵에 배드민턴을 해보거나 구경해본 경험이 있을 것이다. 조명이 밝은 전용 경기장에서는 문제없이 경기를 진행할 수 있지만, 가벼운 놀이로 할 때에는 조명이 없는 경우가 많다. 이럴 때 배드민턴 놀이를 할 수 있도록 조명이 켜지는 배드민턴 셔틀콕을 판매 중이다.

문제는 강렬하게 배드민턴 놀이를 하다 보면 이 셔틀콕의 날개부분이 망가지게 된다. 이럴 경우 조명이 멀쩡하게 켜짐에도 불구하고 셔틀콕을 새로 구매해야 한다. 이 문제를 아이디어 도출 방법을 통해서 해결해 보자.

먼저 문제를 아래와 같이 한 문장으로 정의한다. 셔틀콕이 손상되면 멀쩡한 조명을 재활용할 수가 없으니 이를 간단하게 문장으로 써보자.

문제점 도출	발광셔틀콕이 손상되면 재활용이 어렵다

다음 목표를 선정한다. 목표는 문제의 해결 방향이다.

목표	재활용이 가능한 발광 셔틀콕

다음은 현상을 파악한다. 현상은 문제가 발생할 때 일어나는 상황을 하나씩 적으면 된다. 가능한 최대한 많이 적어보는 것이 도움이 된다.

이번 예시에서는 아래와 같이 2가지만 적어 보겠다. 일반적으로 셔틀콕의 날개부분이 가장 약하며 이 부분의 손상이 자주 발생한다.

현상 1	셔틀콕의 날개가 쉽게 파손된다
현상 2	셔틀콕이 파손되면 발광체도 함께 버려야 한다

다음은 5 why이다. 각 현상의 원인들을 하나씩 왜?를 반복하여 적어보자. 원인은 조금만 깊게 생각하면 금방 찾을 수 있다. 물론 지금 이 책에서 진행하는 내용은 공부가 아니므로 인터넷을 동원해서 힌트를 얻어도 된다.

이 5 why는 반드시 5단계까지는 진행할 필요는 없으며 더 이상 원인을 내놓기 어려울 때까지만 생각하면 된다.

현상 1	셔틀콕의 날개가 쉽게 파손된다
Why 1 단계	셔틀콕의 날개부분이 얇게 만들어져 있다
Why 2 단계	셔틀콕의 날개부분은 가볍게 만들어져야 한다
Why 3 단계	셔틀콕의 날개부분이 머리보다 가벼워야 멀리 날아간다

셔틀콕의 날개가 쉽게 파손되는 현상에 대해서는 근본 원인이 거의 파악된 것 같으므로 이쯤에서 종료한다.

현상 2	셔틀콕이 파손되면 발광체도 함께 버려야 한다
Why 1 단계	발광체와 셔틀콕이 붙어있다
Why 2 단계	배드민턴 경기 시 셔틀콕에 지속적인 충격이 가해지므로 분리가 어려워야 한다

이 현상에 대해서도 어느 정도 근본원인의 파악이 완료되었다. 물론 좀 더 깊이 생각하면 더욱 근본적인 원인을 찾을 수 있을 것이다. 결국 상기 원인분석을 통해서 셔틀콕의 날개부분을 강하게 만들거나 셔틀콕과 발광체의 분리가 가능하지만 충격으로 쉽게 분리되지 않는 방법을 생각해야 된다는 것을 알 수 있다.

이제 40가지 발명의 원리를 하나씩 대입하여 자유롭게 해결방법을 찾는 단계가 남았다.

먼저 제 1번 분할의 원리를 이용하여 발광체와 셔틀콕을 분리할 수 있는 방법을 찾아보자.

아직 40가지 발명의 원리를 이용하는 것에 익숙하지는 않으므로 이를 참고만 하여 다양한 아이디어를 생각해도 된다. 이 모든 과정은 아이디어 도출에 익숙해지기 위한 연습이다.

먼저 셔틀콕의 날개부분이 쉽게 파손되는 현상을 해결하기 위한 방법을 찾아보자

현상 1의 해결방법 1	셔틀콕 날개부분의 강도를 높인다 (3. 국소적 품질)

이 해결방법을 조금씩 구체화하는 과정을 거친다. 마음속으로 어떻게?라는 질문을 반복해보면 조금씩 구체적인 아이디어를 도출할 수 있을 것이다 40가지 발명의 원리 중 40번 복합재료를 활용해서 날개부분의 소재를 변경해는 아이디어를 생각해볼 수 있다.

셔틀콕의 날개부분은 가볍고 튼튼해야 하므로 나일론이나 거미줄 같은 소재를 활용하는 것도 좋은 방법일 것이다.

현상 1의 해결방법 1	셔틀콕 날개부분의 강도를 높인다 (3. 국소적 품질)
해결방법 1의 구체화 1 단계	셔틀콕 날개부분을 나일론 또는 거미줄 소재로 만든다 (40. 복합재료)

화학 전공이 아니라면 소재에 대한 아이디어를 활용하기에는 어느 정도 한계점이 발생할 수 있다. 물론 인터넷의 검색을 통해서 더 다양한 소재를 활용한 아이디어를 도출할 수 있을 것이다.

당신이 좀 더 보편적인 지식을 활용하여 아이디어를 도출할 수 있도록 일단 셔틀콕이 파손되면 발광체를 버려야 하는 현상을 해결하기 위한 방법을 생각해보자.

현상 2의 해결방법 1	발광체와 셔틀콕이 분리될 수 있게 만든다 (1. 분할)

이 해결방법도 "How"를 반복하여 조금씩 구체화하는 과정을 거친다. 발광체와 셔틀콕이 분리될 수 있게 만드는 방법은 매우 다양하므로 쉽게 떠올릴 수 있을 것이다.

현상 2의 해결방법 1	발광체와 셔틀콕이 분리될 수 있게 만든다 (1. 분할)
해결방법 1의 구체화 1	발광체를 셔틀콕의 머리부분에 나사로 고정한다 (6. 다용도)
구체화 1의 How 1단계	발광체의 끝부분을 수나사로 만들고 머리부분을 나사 구멍으로 만든다

발광체와 셔틀콕을 나사로 고정하면 쉽게 분리가 가능함과 동시에 배드민턴 경기 과정에서 발생하는 충격으로 쉽게 분리가 되지 않을 것이다. 가장 현실적인 아이디어라고 생각할 수 있다.

현상 2의 해결방법 1	발광체와 셔틀콕이 분리될 수 있게 만든다 (1. 분할)
해결방법 1의 구체화 2	발광체와 셔틀콕을 쐐기로 고정한다 (6. 다용도)
구체화 2의 How 1단계	발광체의 끝부분을 쐐기로 만들고 셔틀콕에 꽂는다

발광체와 셔틀콕을 쐐기로 고정하면 배드민턴 경기과정에서 쉽게 분리가 되지는 않지만 분리에 상당한 힘이 필요하므로 발광체가 손상될 우려도 있다. 괜찮은 아이디어이긴 하지만 좀 더 보완이 필요할 것 같다.
좀 더 발광체와 셔틀콕을 분리할 수 있는 방법을 생각해보자.

현상 2의 해결방법 1	발광체와 셔틀콕이 분리될 수 있게 만든다 (1. 분할)
해결방법 1의 구체화 3	발광체와 셔틀콕을 양면테이프로 고정한다 (24. 중간매개물)

양면테이프로 고정하는 방법은 간단한 방법이지만 배드민턴 경기 시 반복적인 충격이 셔틀콕에 가해질 때 떨어질 수도 있다. 물론 아주 강력한 접착테이프를 사용하면 이를 어느 정도 해결할 수 있지만 발광체를 셔틀콕에서 분리할 때 상당히 애를 먹을 수도 있다. 이 문제 역시 문제정의 단계로 돌아가서 다시 해결방안을 찾을 수 있다.

문제해결 단계에서 도출된 아이디어들은 모두 문제정의 단계에서부터 아이디어 도출을 다시 반복하면 좀 더 좋은 아이디어를 찾아낼 수 있다.

도출된 아이디어들은 반드시 손으로 그림을 그려서 표현해보자. 그 과정에서 생각지도 못한 문제를 또다시 발견할 수 있으며 이 역시 아이디어 도출 과정을 통해서 해결할 수 있다.

(1) 수나사(발광체) + 암나사(셔틀콕)

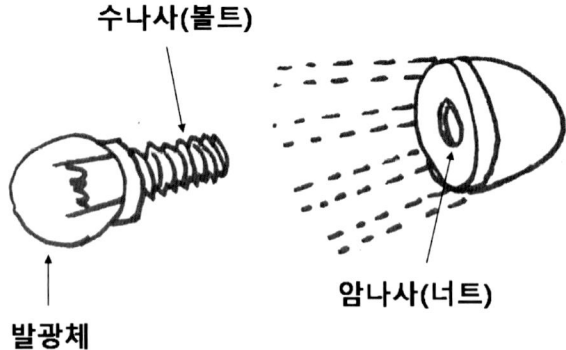

(2) 발광체+뾰족한 나사

발광체에 뾰족한 나사를 부착하면 일반적인 셔틀콕에도 결합할 수 있을 것이다. 일반적으로 셔틀콕의 머리부분은 부드러운 코르크와 같은 소재로 만들어져 있다. 간단하지만 상당히 효과적인 아이디어라고 할 수 있다.

(3) 쐐기(발광체)+셔틀콕

(4) 발광체+양면테이프+셔틀콕

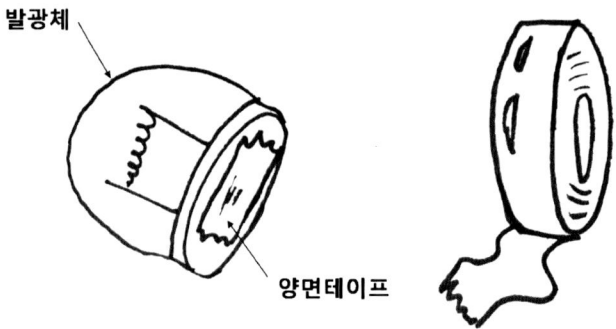

이번 사례에서 진행한 아이디어 도출 시트는 다음과 같다. 앞에서는 설명을 위해서 각 단락으로 나누어서 작성했지만 실제로 아이디어를 도출할 때는 시트에 순서대로 직접 작성하면 된다.

구분	사용도구	순서	항목	내용
문제정의		1	문제점 도출	발광 셔틀콕이 손상되면 재활용이 어렵다
목표선정		2	목표	재활용이 가능한 발광 셔틀콕
현상파악		3 3	현상 1	셔틀콕의 날개 부분이 쉽게 파손된다
			현상 2	셔틀콕이 파손되면 발광체도 함께 버려야 한다
원인 분석	5 why	4	현상 1의 Why 1단계	셔틀콕의 날개부분이 얇게 만들어져 있다.
			현상 1의 Why 2단계	셔틀콕의 날개부분은 가볍게 만들어져야 한다
			현상 1의 Why 3단계	셔틀콕의 날개부분이 머리보다 가벼워야 멀리 날아간다
			현상 2의 Why 1단계	발광체와 셔틀콕이 붙어있다
			현상 2의 Why 2단계	배드민턴 경기 시 셔틀콕에 지속적인 충격이 가해지므로 분리가 어려워야 한다
문제 해결	40가지 발명의 원리	5	현상 1의 해결방법 1	셔틀콕 날개부분의 강도를 높인다
			해결방법 1의 구체화 1	셔틀콕 날개부분을 나일론 또는 거미줄 소재로 만든다
				발광체와 셔틀콕이 분리될 수 있게 만든다
			해결방법 1의 구체화 1	발광체를 셔틀콕의 머리부분에 나사로 고정한다
			구체화 1의 How 1단계	발광체의 끝부분을 수나사로 만들고 머리부분을 나사 구멍으로 만든다
			해결방법 1의 구체화 2	발광체와 셔틀콕을 쐐기로 고정한다.
			구체화 2의 How 1단계	발광체의 끝부분을 쐐기로 만들고 셔틀콕에 꽂는다
			해결방법 1의 구체화 3	발광체와 셔틀콕을 양면테이프로 고정한다

적용 사례 2) 지우개 달린 연필

좀 더 쉽게 아이디어를 생각할 수 있도록 이번에는 간단한 사례를 들어보겠다. 발명의 가장 간단한 예로서 지우개가 달린 연필 사례를 흔히 볼 수 있다. 저자 역시 특허 공부를 할 때 지우개 달린 연필을 소재로 한 자료를 많이 봐왔다.

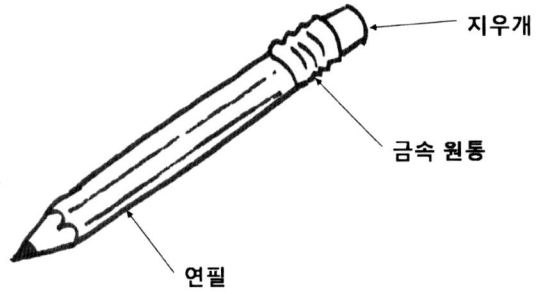

이 연필의 구조를 보면 금속 원통의 양쪽 끝에 연필의 가장자리와 원형 지우개의 가장자리를 단단하게 고정한 것을 알 수 있다. 이 연필의 가장 큰 문제점은 지우개가 짧아서 오래 사용하지 못한다는 것이다. 몇 번 지우고 나면 지우개가 사용할 수 없을 정도로 짧아져서 결국 별도의 지우개를 또 사용해야 한다. 이 지우개 달린 연필을 가지고 문제를 정의하고 아이디어를 도출해보겠다. 단순한 구조의 물건인데 생각보다 다양한 아이디어를 도출할 수 있을 것이다.

먼저 문제를 정의한다.

문제점 도출	지우개가 다 닳으면 연필만 사용할 수 있다

한 가지 알아두어야 할 점은 저자가 정의한 문제가 정답은 아니다. 다양한 문제를 정의할 수 있으니 이것만 정답이라고 생각하지 말고 다양하게 생각해서 작성해 보라. 이 책에서 도출한 아이디어보다 더 획기적인 아이디어를 당신이 생각해낼 수도 있다.

다음은 목표를 작성한다. 지우개를 오랫동안 사용할 수 있는 지우개 달린 연필을 만드는 것이 목적이다.

목표	지속적으로 지우개를 사용할 수 있는 지우개 달린 연필

다음은 지우개가 다 닳았을 때의 현상을 작성한다.

현상 1	지우개의 교체를 위한 탈부착이 어렵다
현상 2	지우개의 길이가 짧아서 빨리 닳는다

위의 두 가지 외에 더 많은 현상을 찾을 수 있을 것이다. 지금 진행 중인 아이디어 도출 방법이 현상의 원인을 찾고 이를 해결하기 위한 아이디어를 생각하는 과정이라는 것을 잊지 마라. 가능한 많은 현상과 원인을 찾을수록 그만큼 많은 아이디어를 도출할 수 있다.

이제 2가지 현상의 원인을 하나씩 적어보자

현상 1	지우개의 교체를 위한 탈부착이 어렵다
Why 1 단계	지우개가 연필에 강한 금속구조물로 고정되어 있다
Why 2 단계	지우개와 연필이 함께 움직여야 한다

우선 빠른 아이디어의 도출을 위해서 Why를 2단계까지만 작성해보았다. 지우개의 교체가 어려운 이유는 원통형의 금속구조물을 연필에 강하게 고정시켜 놓았기 때문이다.
혹시 당신이 금속구조물을 연필과 분리해본 경험이 있다면, 금속구조물을 분리하기가 생각보다 힘들고 연필의 끝이 상당히 많이 손상되는 것을 알 수 있을 것이다. 그리고 연필 끝에 지우개를 달아놓은 근본적인 이유가 바로 지우개와 연필을 함께 들고 다니기 위해서이다.

이 두 가지 원인만으로 막 아이디어가 떠오르지 않는가?
곧바로 띠오르지 않는다면 40가지 발명원리를 참조하라.

계속해서 현상과 원인분석을 진행하겠다.

현상 2	지우개의 길이가 짧아서 빨리 닳는다
Why 1 단계	지우개가 길면 지우개가 잘 부러진다
Why 2 단계	지우개를 잡아주는 가이드가 짧다
Why 3 단계	가이드가 길면 사용할 수 있는 지우개가 짧다

연필 끝에 달린 지우개는 대부분 짧고 무른 소재로 되어 있다. 몇 번 지우면 대부분 다 닳아서 없어진다. 샤프 끝에 달린 지우개도 동일한 문제를 가지고 있다. 무른 소재의 지우개이므로 지울 때 작용하는 힘을 견디기 위해서 대부분 짧은 길이를 가지고 있다. 여기서 주목해야 할 것이 Why? 2, 3 단계이다. 지우개를 잡아주는 가이드가 짧으면 지우개가 쉽게 부러지고 가이드가 길면 사용할 수 있는 지우개의 길이가 짧은 모순적인 상황이 발생한다. TRIZ 이론에서 이를 물리적 모순이라고 하는데 이의 해결 방법 또한 40가지 발명의 원리를 이용한다.

다음 계속해서 해결방법을 생각해보자

현상 1의 해결방법 1	부드러운 소재를 이용하여 지우개를 연필에 고정한다 (40. 복합재료)

연필보다 무른 소재를 이용해서 지우개를 연필에 고정하는 방법이다. 이렇게 구성을 하면 연필의 손상 없이 지우개를 분리하고 새로운 것을 끼울 수 있을 것이다. 단 이 소재의 조건은 연필보다 무르면서 연필을 강하게 잡아줘야 한다. 화학재료에 대한 지식이 필요할 수도 있다.

좀 더 쉽게 생각할 수 있는 방법으로 이를 구체화해 보자

현상 1의 해결방법 1	부드러운 소재를 이용하여 지우개를 연필에 고정한다 (40. 복합재료)
해결방법 1의 구체화 1 단계	지우개에 연필 크기의 구멍을 뚫어 연필 끝에 꽂는다 (25. 셀프서비스)

연필크기의 구멍이 뚫린 지우개는 이 책을 읽는 당신도 한번씩 사용해 본 적이 있을 것이다. 저자 역시 학창 시절에 사용해본 적이 있다. 물론 지우개의 소재 문제인지 잘 지워지지 않았던 것 같다. 이 구멍 뚫린 지우개가 이 아이디어 도출 과정을 통해서도 만들어질 수 있음을 이해하고 다음으로 넘어가자

현상 2의 해결방법 1	지우개의 길이를 조절할 수 있게 한다 (15. 자유도 증가)

지우개의 길이를 마음대로 조절할 수 있다면 지우개의 길이가 짧아서 빨리 닳는 문제를 해결할 수 있을 것이다. 이 지우개의 길이를 조절할 수 있는 방법을 생각해보자

현상 2의 해결방법 1	지우개의 길이를 조절할 수 있게 한다 (15. 자유도 증가)
해결방법 1의 구체화 1	지우개를 스크류 방식으로 움직이게 한다 (15. 자유도 증가)
구체화 1의 How 1단계	심의 길이를 조절하는 색연필의 원리를 이용한다 (7. 포개기)

끝을 돌려서 심의 길이가 조절되는 색연필을 사용해 본 적이 있을 것이다. 물론 이런 형태의 지우개도 존재한다. 이 지우개를 작은 크기로 만들어서 연필의 끝에 붙인다면 기존 연필보다 지우개를 좀 더 오래 사용할 수 있을 것이다. 거기다 지우개의 교체까지 가능하다면 더욱 좋은 효과가 있을 것이다.

다음 계속해서 다양한 아이디어를 생각해보자

현상 2의 해결방법 2	가이드의 길이를 조절할 수 있게 한다 (15. 자유도 증가)
해결방법 2의 구체화 1	가이드가 지우개를 따라 슬라이드로 움직일 수 있게 구성한다 (7. 포개기)

원통형의 가이드가 지우개를 따라서 위아래로 슬라이드 방식으로 움직이게 구성하는 방법이다. 가이드의 길이가 조절이 되므로 지우개가 길어도 가이드를 올리면 지우개가 부러지지 않게 사용할 수 있을 것이다.

이번 예시의 소재 자체가 쉬우므로 여러분은 저자가 생각해낸 것보다 더 다양한 아이디어를 생각해낼 수 있을 것이다. 가능한 많은 현상과 원인을 적어보고 각각의 원인에 대한 해결방법을 계속 생각해보자. 다시 한번 강조하지만 모든 문제에는 정답이 없다. 회사생활에서는 최선의 방안을 찾는 과정이고 취업을 위해 아이디어의 입증자료를 만들고자 하는 이에게는 도출된 아이디어 하나하나를 모두 입증자료로 만들 수 있다. 앞의 사례와 마찬가지로 도출된 아이디어를 구체적이고 현실화하기 위해 직접 그려보는 과정이 남아있다. 여러분이 생각해낸 아이디어를 모두 직접 한번 그려보자.

(1) 구멍 뚫린 지우개

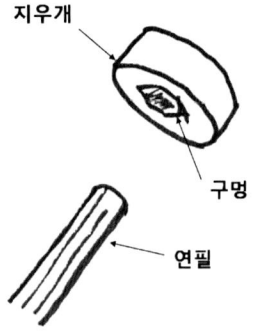

(2) 스크류 방식의 지우개

이 그림은 지우개를 돌리면 위아래로 움직이는 구조로 되어 있다. 스크류 몸체 내부에 스크류 형태로 내부 가이드의 역할을 하는 홈이 파여져 있다.

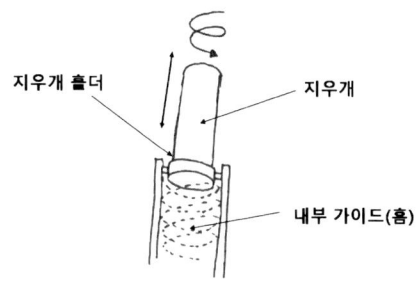

(3) 슬라이드 방식의 지우개

이 방식은 안쪽 가이드의 길이만큼 연필 전체가 길어질 수 있다. 그리고 안쪽 가이드의 길이만큼 연필이나 지우개를 위한 공간으로 사용할 수 없다. 즉, 공간적으로 비효율적이다. 이렇게 도출된 아이디어를 실제로 그려보면 장단점을 좀 더 쉽게 파악할 수 있다.

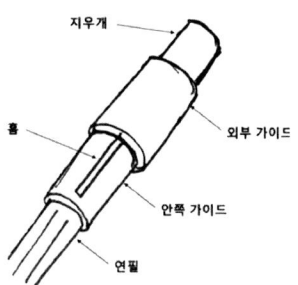

이번 사례에서 진행한 아이디어 도출 시트는 다음과 같다.

구분	사용도구	순서	항목		내용
문제정의		1	문제점 도출		지우개가 다 닳으면 연필만 사용할 수 있다
목표선정		2	목표		지속적으로 지우개를 사용할 수 있는 지우개 달린 연필
현상파악	현상파악	3	현상 1		지우개의 교체를 위한 탈부착이 어렵다
			현상 2		지우개의 길이가 짧아서 빨리 닳는다
원인 분석	5 why	4	현상 1의 Why 1 단계		지우개가 연필에 강한 금속구조물로 고정되어 있다
			현상 1의 Why 2 단계		지우개와 연필이 함께 움직여야 한다
			현상 2의 Why 1단계		지우개가 길면 지우개가 잘 부러진다
			현상 2의 Why 2단계		지우개를 잡아주는 가이드가 짧다
			현상 2의 Why 3단계		가이드가 길면 사용할 수 있는 지우개가 짧다
문제 해결	40가지 발명의 원리	5	현상 1의 해결방법 1		부드러운 소재를 이용하여 지우개를 연필에 고정한다
				해결방법 1의 구체화 1	지우개에 연필 크기의 구멍을 뚫어 연필 끝에 꽂는다
			현상 2의 해결방법 1		지우개의 길이를 조절할 수 있게 한다
				해결방법 1의 구체화 1	지우개를 스크류 방식으로 움직이게 한다
				구체화 1의 How 1단계	신의 길이를 조절하는 색연필의 원리를 이용한다
			현상 2의 해결방법 2		가이드의 길이를 조절할 수 있게 한다
				해결방법 2의 구체화 1	가이드가 지우개를 따라 슬라이드로 움직일 수 있게 구성한다

적용 사례 3) 절수 장치

이번에는 좀 더 일상에서 누구나 겪을 수 있는 사례를 이용해서 아이디어를 도출해 보겠다. 누구나 부모님을 돕거나 혼자 자취를 하면서 설거지를 해본 경험이 있을 것이다. 설거지를 할 때 조금만 의식해서 관찰해보면 상당한 물이 낭비된다는 것을 알 수 있다. 그렇다면 설거지를 할 때 물의 낭비를 줄여보는 방법을 한번 고민해보자. 물론 식기세척기를 구입하면 상당한 양의 물을 줄일 수 있지만 이 방법은 아이디어의 도출을 연습하는데 도움이 되지 않는다. 먼저 설거지를 하는 과정을 한 단계씩 생각해보자. 설거지의 과정은 흐르는 물 또는 고인 물에 그릇을 넣어 음식물을 불리는 단계와 세제의 거품으로 그릇을 세척하는 단계, 그리고 흐르는 물로 그릇을 헹궈 건조대에 정리하는 단계로 나뉜다. 각 단계별로 물의 사용하는 정도를 보면 마지막 단계인 그릇을 헹구는 단계가 가장 많은 것을 알 수 있다. 아무래도 세제가 더 이상 묻어 나오지 않을 때까지 흐르는 물로 씻기 때문인 것 같은데 이 문제를 한번 해결해보자.

먼저 문제를 정의한다. 목표도 함께 작성해 보았다.

문제점 도출	그릇의 헹굼 시 낭비되는 물의 양이 많다
목표	그릇의 헹굼 시 사용하는 물의 양 감소

마지막 단계인 그릇의 헹굼 과정 시의 물 낭비 감소를 목표로 해서 문제를 정의했다. 만약에 첫 번째 단계인 음식물을 불리는 단계에서 물 낭비를 줄이고 싶다면 문제를 이에 맞춰서 정의하면 될 것이다.

현상 1	그릇의 헹굼 시 흐르는 물을 사용한다
현상 2	그릇을 건조대로 옮길 때 수도에서 계속 물이 나온다

물이 낭비되는 과정을 상세히 살펴보면 위에 작성한 대로 현상을 파악할 수 있다. 대부분 그릇을 흐르는 물을 사용해서 헹굴 것이다. 외국에서는 설거지를 할 때 마지막에는 거품이 묻은 그릇을 마른 수건으로 닦는 경우도 있다. 하지만 이 책에서는 우리나라가 기준이니 외국의 문화는 번외로 하겠다. 그리고 그릇을 헹굴 때 물을 사용하지 않고 그대로 흘려 보내는 시점이 있는데 바로 다 헹궈진 그릇을 건조대로 옮길 때다. 앞의 예에서도 보았듯이 문제

에서 파악한 현상들의 원인을 찾아내는 과정이 새로운 아이디어를 도출하는 동기가 된다. 이와 같이 문제의 정의와 현상파악이 중요하므로 이에 대한 연습을 많이 해보자.

다음은 각 현상의 원인을 파악한다.

현상 1	그릇의 헹굼 시 흐르는 물을 사용한다
Why 1 단계	그릇에 묻은 세제는 흐르는 물로 씻을 수 있다

일반적으로 그릇을 헹굴 때는 흐르는 물을 사용한다. 왜냐하면 고여 있는 물을 사용해서는 그릇에 묻은 세제를 헹굴 수 없기 때문이다. 왜 흐르는 물로만 세제를 씻을 수 있는지는 화학적인 전공자 수준에서 원인을 파악할 수 있을 것이다. 따라서 이 책에서는 여기까지만 원인을 적겠다.

현상 2	그릇을 건조대로 옮길 때 수도에서 계속 물이 나온다
Why 1 단계	그릇을 건조대로 옮길 때 수도꼭지를 잠그지 않는다
Why 2 단계	수도꼭지의 열고 잠금을 반복하는 것이 귀찮다
Why 3 단계	수도꼭지가 손을 뻗어야 닿는 위치에 있다

그릇을 건조대로 옮길 때 물이 낭비되는 근본적인 원인은 수도꼭지를 계속 열고 닫기가 귀찮기 때문이다. 그리고 수도꼭지의 위치가 대부분 물이 나오는 수도의 끝과 거리가 좀 떨어져 있다. 수도꼭지 손잡이의 크기가 커서 거리가 가까워도 대부분 잘 잠그지 않는다. 수십 개의 그릇과 수저를 헹구는 동안 일일이 수도꼭지를 열고 닫는 것은 결코 쉬운 일이 아니다.

다음으로 각 원인 별로 문제를 해결해보자.

현상 1의 해결방법 1	고인 물에서도 잘 씻기는 세제를 사용한다 (10. 사전조치, 11. 사전예방)
해결방법 1의 구체화 1 단계	세제 분자가 그릇보다 물 분자에 더 잘 붙게 한다 (10. 사전조치, 11. 사전예방)

고인 물에서도 깨끗하게 씻기는 세제가 있다면 상당히 획기적인 발명이 될 것이다. 세제 분자가 그릇보다 물 분자에 더 잘 붙을 수 있게 만들 수 있다면 앞에서 정의한 문제를 간단하게 해결할 수 있을 것이다. 하지만 아마도 세제 분자가 음식물에 잘 붙지 않는 현상이 발생할 가능성이 클 것이다.
이 문제의 해결방법은 화학과 관련된 전문지식이 필요하므로 여기까지만 하고 넘어가겠다.

현상 2의 해결방법 1	수도꼭지의 위치를 옮긴다 (12. 높이 맞추기)
해결방법 1의 구체화 1	수도꼭지를 발 밑으로 옮긴다 (12. 높이 맞추기)
구체화 1의 How 1단계	수도꼭지를 페달 형태로 만든다 (24. 중간매개물)

설거지를 할 때 보통 두 손을 사용해서 그릇 세척 → 건조대로 이동하는 과정을 반복한다. 만약에 그릇 세척 → 수도꼭지 잠그기 → 건조대 이동 → 수도꼭지 열기의 순서를 손으로 반복한다면 더욱 과정이 복잡해진다. 따라서 이 과정을 신체의 다른 부위로 진행하는 방법을 생각했다. 실제로 페달을 이용해서 싱크대의 수도꼭지를 조절하는 장치가 시중에 나와 있으며 주부들 사이에서 꽤 인기를 끌었다.

해결방법 1의 구체화 2	수도꼭지를 허리 높이로 옮긴다 (12. 높이 맞추기)
구체화 2의 How 1단계	수도꼭지를 배로 누르는 버튼 형태로 만든다 (24. 중간매개물)

손과 발 외에 다른 신체부위를 이용해서 수도꼭지를 열고 닫는 방법도 생각할 수 있다. 싱크대의 상단 끝부분에 수도꼭지를 눌러서 열고 닫게 할 수 있게 하는 것이다. 즉 싱크대에 몸을 기대었다가 다시 떼는 방법으로 수도꼭지를 열고 닫는 방법이다.

현상 2의 해결방법 2	수도꼭지가 신체 접촉 없이 작동되게 한다 (24. 중간매개물)
해결방법 2의 구체화 1	수도꼭지가 음성으로 작동되게 한다 (23. 피드백, 24. 중간매개물)
구체화 1의 How 1 단계	수도꼭지에 음성 인식센서를 붙인다 (20. 유용작용의 지속, 23. 피드백)

수도꼭지를 신체의 부위를 이용해 직접 힘을 가하지 않고 다른 매개체를 이용해서 열고 닫는 방법이다. 최근에 부각되고 있는 스마트폰의 음성인식 기능을 활용하는 것을 어떨까? 음성인식으로 수도꼭지를 열고 닫는다면 손이나 발과 같은 신체를 움직이는 것보다는 피로감이 덜할 것이다.

해결방법 2의 구체화 2	그릇이 가까이 가면 수도꼭지가 열리게 한다 (25. 셀프 서비스)
구체화 2의 How 1 단계	적외선 센서를 수도 끝에 붙인다 (20. 유용작용의 지속, 23. 피드백)

그릇을 헹굴 때에만 수도꼭지가 자동으로 열리게 하는 방법이다. 적외선 센서를 수도의 끝에 부착해서 그릇이 가까이 인식되면 수도꼭지를 열고 인식이 되지 않으면 닫히게 하는 원리이다.

기존의 방식대로 설거지를 해도 되므로 앞에서 설명한 방법들보다 편리할 것으로 예상된다.

 이번 사례에서는 일상생활에서 쉽게 접할 수 있는 경험을 이용해서 아이디어를 도출해 보았다. 이렇게 평상시에도 조금만 주의를 기울이면 다양한 문제점들을 발견하고 새로운 아이디어들을 도출할 수 있을 것이다.

앞에서 저자가 예로 든 방법 외에도 더 많은 아이디어들을 생각해 낼 수 있을 것이라고 믿는다. 그리고 이렇게 도출해낸 아이디어들은 그림을 그려서 좀 더 구체화해 봐야 한다.

(1) 페달 방식의 수도꼭지

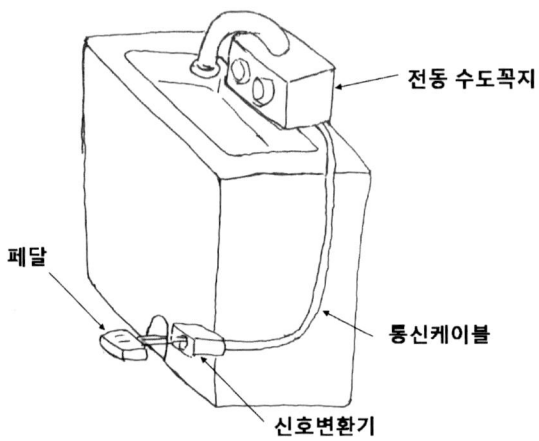

발로 밟는 페달로부터 받은 물리적인 입력을 전기신호로 변환하고 이 신호를 이용해서 전동으로 동작하는 수도꼭지를 열고 닫는 원리이다. 전기신호가 아닌 기계적인 연결을 통해서 수도꼭지를 열고 닫는 구조로도 만들 수 있을 것이다. 물론 구조가 좀 더 복잡해질 것이다.

(2) 허리 높이의 스위치가 달린 수도꼭지

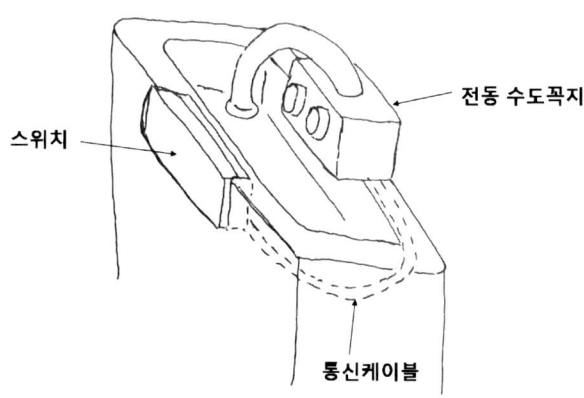

여러 위치에서 스위치를 배나 허리를 이용해서 누를 수 있도록 폭을 좀 넓게 구성했다. 스위치를 눌러서 발생한 전기신호를 통신케이블을 통해서 전동으로 동작하는 수도꼭지로 전달하는 구성이다. 물이 튈 수 있으니 스위치는 방수 구조가 되어야 할 것이다. 이 아이디어 역시 와이어나 스프링 등의 기계들을 이용하여 구성할 수 있을 것이다.

(3) 음성인식으로 동작하는 수도꼭지

음성인식 센서

 음성을 인식할 수 있는 센서(마이크)가 수도꼭지 위에 달려있고 수도꼭지는 전동을 동작한다. 최근에 음성인식 센서는 흔한 장치이므로 좀 더 추가적인 아이디어를 부가하면 새로운 아이디어로 인정받을 수 있을 것이다. 예를 들면 마이크에 물이 들어가지 않도록 방수처리를 할 수 있는 구조가 있다.

(4) 적외선 센서로 동작하는 수도꼭지

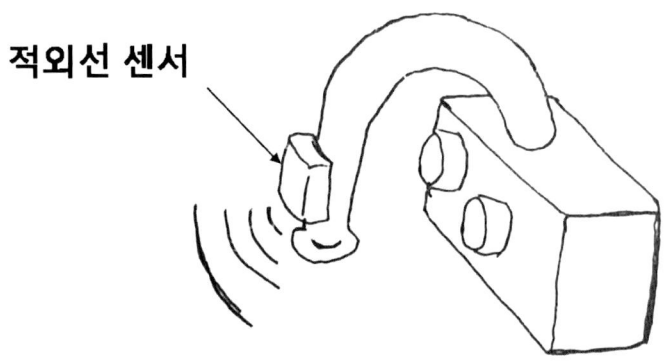

고급호텔이나 휴게소, 공원 같은 장소에서 적외선 센서가 달려 있는 수도꼭지를 본 적이 있을 것이다. 설거지를 위한 가정용으로 사용하면 물을 절약하는데 도움이 될 것이다.

이번 사례에서 진행한 아이디어 도출 시트는 다음과 같다.

구분	사용도구	순서	항목	내용
문제정의		1	문제점 도출	그릇의 헹굼 시 낭비되는 물의 양이 많다
목표선정		2	목표	그릇의 헹굼 시 사용하는 물의 양 감소
현상파악 현상파악		3	현상 1	그릇의 헹굼 시 흐르는 물을 사용한다
			현상 2	그릇을 건조대로 옮길 때 수도에서 계속 물이 나온다
원인 분석	5 why	4	현상 1의 Why 1 단계	그릇에 묻은 세제는 흐르는 물로 씻을 수 있다
			현상 2의 Why 1 단계	그릇을 건조대로 옮길 때 수도꼭지를 잠그지 않는다
			현상 2의 Why 2 단계	수도꼭지의 열고 잠금을 반복하는 것이 귀찮다
			현상 2의 Why 3 단계	수도꼭지가 손을 뻗어야 닿는 위치에 있다
문제 해결	40가지 발명의 원리	5	현상 1의 해결방법 1	고인 물에서도 잘 씻기는 세제를 사용한다
			해결방법 1의 구체화 1	세제 분자가 그릇보다 물 분자에 더 잘 붙게 한다
			현상 2의 해결방법 1	수도꼭지의 위치를 옮긴다
			해결방법 1의 구체화 1	수도꼭지를 발밑으로 옮긴다
			구체화 1의 How 1단계	수도꼭지를 페달 형태로 만든다
			해결방법 1의 구체화 2	수도꼭지를 허리 높이로 옮긴다
			구체화 2의 How 1단계	수도꼭지를 배로 누르는 버튼 형태로 만든다
			현상 2의 해결방법 2	수도꼭지가 신체 접촉 없이 작동되게 한다
			해결방법 2의 구체화 1	수도꼭지가 음성으로 작동되게 한다
			구체화 1의 How 1단계	수도꼭지에 음성 인식 센서를 붙인다
			해결방법 2의 구체화 2	그릇이 가까이 가면 수도꼭지가 열리게 한다
			구체화 2의 How 1단계	적외선 센서를 수도 끝에 붙인다

부록 2

저자의 특허들

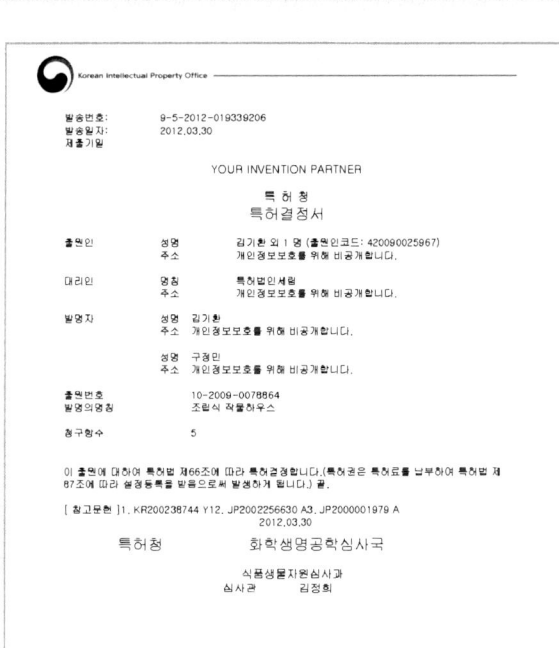

Korean Intellectual Property Office

발송번호: 9-5-2010-059859148
발송일자: 2010.12.28
제출기일:

YOUR INVENTION PARTNER

특 허 청
특허결정서

출원인	명칭	김기환 외 1명 (출원인코드: 420090025967)
	주소	개인정보보호를 위해 비공개합니다.
대리인	명칭	서면호
	주소	개인정보보호를 위해 비공개합니다.
발명자	성명	김기환
	주소	개인정보보호를 위해 비공개합니다.
	성명	구정민
	주소	개인정보보호를 위해 비공개합니다.

출원번호: 10-2009-0023021
발명의명칭: 인쇄매체 정리기
청구항수: 8

이 출원에 대하여 특허법 제66조에 따라 특허결정합니다.
(특허권은 특허료를 납부하여 특허법 제87조에 따라 설정등록을 받음으로써 발생하게 됩니다.)
끝.

[참고문헌]
1. KR1020100068702 A
2. JP05095955 U
3. JP08040602 A
4. JP2005206298 A

2010.12.28

특허청   기계금속건설심사국

공조기계심사과
심사관   박우충

KIPO

Korean Intellectual Property Office

발송번호: 9-5-2010-054569949
발송일자: 2010.11.30
제출기일:

YOUR INVENTION PARTNER

특허청
특허결정서

출원인	명칭	김기환 외 1명 (출원인코드: 420090025967)
	주소	개인정보보호를 위해 비공개합니다.
대리인	명칭	서만호
	주소	개인정보보호를 위해 비공개합니다.
발명자	성명	김기환
	주소	개인정보보호를 위해 비공개합니다.
	성명	구정민
	주소	개인정보보호를 위해 비공개합니다.
출원번호		10-2009-0013900
발명의명칭		환경개선용 인조 가로수
청구항수		2

이 출원에 대하여 특허법 제66조에 따라 특허결정합니다. (특허권은 특허료를 납부하여 특허법 제87조에 따라 설정등록을 받음으로써 발생하게 됩니다.)

[참고문헌]
1. JP11156228 A
2. JP2001340433 A
3. JP2009002149 A
4. KR200219273 Y1, 끝.

2010.11.30

특허청 화학생명공학심사국
환경에너지심사과
심사관   김재중

KIPO

등록특허 10-1155558

(19) 대한민국특허청(KR)	(45) 공고일자	2012년06월19일
(12) 등록특허공보(B1)	(11) 등록번호	10-1155558
	(24) 등록일자	2012년06월05일

(51) 국제특허분류(Int. Cl.)
　　A01G 9/16 (2006.01)
(21) 출원번호　　10-2009-0078864
(22) 출원일자　　2009년08월25일
　　심사청구일자　2009년08월25일
(65) 공개번호　　10-2011-0021212
(43) 공개일자　　2011년03월04일
(56) 선행기술조사문헌
　　KR200238744 Y1
　　JP*2002256630 A
　　JP*2000001979 A

(73) 특허권자
　　구정인
　　김기환

(72) 발명자
　　김기환
　　구정인

(74) 대리인
　　특허법인세림

전체 청구항 수 : 총 5 항　　　　　심사관 :　김정희

(54) 발명의 명칭 조립식 작물하우스

(57) 요 약

본 발명은 조립식 작물하우스에 관한 것으로, 본 발명의 목적은 부분 덮개를 교체하는 수리가 용이한 조립식 작물하우스를 제공함에 있다. 이를 위해 본 발명에 따른 조립식 작물하우스는 지상체인 복수의 덮개 프레임이 마련된 하우스 구조물, 덮개 프레임에 부착되기 위한 부분 덮개, 및 부분 덮개의 테두리에 부착되어 부분 덮개를 덮개 프레임에 결합시키는 착석부재를 포함한다.

대표도 - 도2

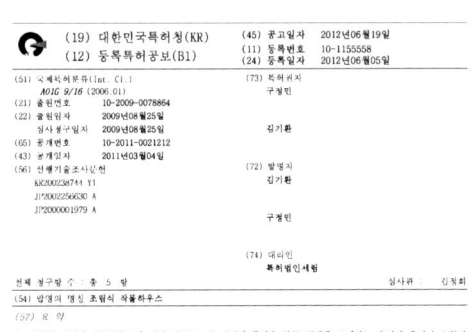

- 1 -

등록특허 10-1030988

(19) 대한민국특허청(KR)	(45) 공고일자	2011년04월22일
(12) 등록특허공보(B1)	(11) 등록번호	10-1030988
	(24) 등록일자	2011년04월18일

(51) Int. Cl.
　　E05B 49/00 (2006.01)　　*E05B 47/00* (2006.01)
(21) 출원번호　　10-2009-0010576
(22) 출원일자　　2009년02월10일
　　심사청구일자　2009년02월10일
(65) 공개번호　　10-2010-0091399
(43) 공개일자　　2010년08월19일
(56) 선행기술조사문헌
　　KR1020090132054 A *
　　KR200413741 Y1
　　KR1020070003661 A
　　* 는 심사관에 의하여 인용된 문헌

(73) 특허권자
　　구정민
(72) 발명자
　　김기환
(72) 발명자
　　구정민
(74) 대리인
　　서원호

전체 청구항 수 : 총 4 항　　심사관 : 정정관

(54) 유에스비 도어락 시스템

(57) 요 약

인증서가 저장된 휴대용 USB 저장매체를 활용하여 도어를 해제할 수 있는 USB 도어락 시스템이 개시된다. 본 발명에 따른 USB 도어락 시스템은 도어에 설치되며 USB 인터페이스를 구비하는 도어락과, 인증서가 저장되어 있는 USB 저장매체와 인증서를 발급 관리하기 위한 서버를 포함하는 USB 도어락 시스템에 있어서, 서버는 USB 저장매체에 인증서를 발급하고, 해당 인증서를 갖기 도어락에도 전송하여 USB 저장매체의 인증서를 도어락이 인식할 수 있도록 하기 때문에 도어락의 효용성을 높였으며, 특히 공인인증서를 활용할 수 있기 때문에 사용이 편리하다.

대 표 도 - 도1

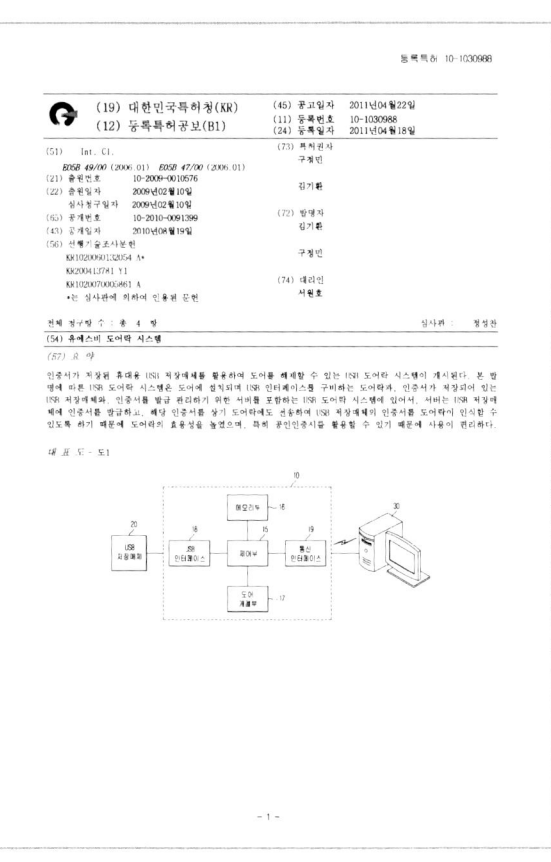

- 1 -

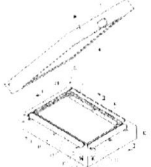

등록특허 10-1016181

(19) 대한민국특허청(KR)	(45) 공고일자	2011년02월24일	
(12) 등록특허공보(B1)	(11) 등록번호	10-1016181	
	(24) 등록일자	2011년02월14일	

(51) Int. Cl.
  B01D 46/00 (2006.01) F24F 3/16 (2006.01)
  A61L 9/00 (2006.01)
(21) 출원번호   10-2009-0013900
(22) 출원일자   2009년02월19일
    심사청구일자   2009년02월19일
(65) 공개번호   10-2010-0094762
(43) 공개일자   2010년08월27일
(56) 선행기술조사문헌
    JP11168228 A
    JP2001130133 A*
    JP2009002149 A*
    KR200219275 Y1*
    *는 심사관에 의하여 인용된 문헌

(73) 특허권자
    구정민
    김기환
(72) 발명자
    김기환
(74) 대리인
    서원호

전체 청구항 수 : 총 2 항   심사관 : 김해중

(54) 환경개선용 인조 가로수

(57) 요 약

가로수가 설치된 주위의 환경을 인위적으로 개선할 수 있는 인공 가로수가 개시된다. 본 발명에 따른 환경개선용 인조 가로수는 뿌리부와, 일부와, 가지부와, 줄기부를 갖는 나무 형상의 본체를 구비하되, 본체에는 일부에 설치되는 흡입홀 및 배출홀과, 가지부에 줄기부에 매립되는 공기유로와, 뿌리부에 매립되어 공기유로를 통해 흡입된 공기를 필터링하는 필터 및 송풍기를 포함하는 공기정화유닛과, 주변의 열기를 저감시키기 위해 가지부에 마련되는 제1스프링쿨러와, 일부 및 가지부에 설치되는 제2스프링쿨러와, 제1,2스프링쿨러에 물을 공급하기 위해 뿌리부에 연결되는 수도관과, 뿌리부로부터 줄기부와 가지부에 물을 공급하기 위한 펌프를 포함하는 절수유닛과, 줄기부에 마련되는 원산과, 뿌리부에 마련되어 원산의 온도를 제어하는 조절기를 포함하는 난방유닛과, 일부에 마련되는 집열판과, 뿌리부에 마련되는 축전지를 포함하는 발전유닛, 중 적어도 어느 하나를 포함하여 가로수가 가지는 고유의 기능 외에 기타 보행자에 안락함을 느낄 수 있도록 가로수의 주위 환경을 인위적으로 조절할 수 있다.

대 표 도 - 도1

공개특허 10-2017-0107939

| (19) 대한민국특허청(KR) | (11) 공개번호 | 10-2017-0107939 |
| (12) 공개특허공보(A) | (43) 공개일자 | 2017년09월26일 |

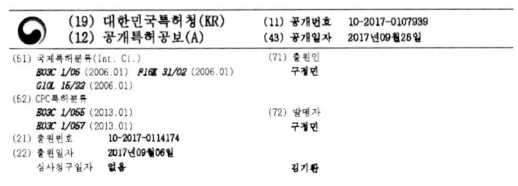

(51) 국제특허분류(Int. Cl.)
   B03C 1/06 (2006.01) *P16K 31/02* (2006.01)
   G10L 16/22 (2006.01)
(52) CPC특허분류
   B03C 1/055 (2013.01)
   B03C 1/057 (2013.01)
(21) 출원번호   10-2017-0114174
(22) 출원일자   2017년09월06일
   심사청구일자   없음

(71) 출원인
   구정민
(72) 발명자
   구정민

   김기환

전체 청구항 수 : 총 12 항
(54) 발명의 명칭 **자동 절수 장치**

(57) 요 약

본 발명은 자동절수장치에 관한 것으로서, 물의 유량을 측정하기 위한 유량 측정 센서부와, 수도의 외부에 설치되어 인체의 접근과 동작을 감지하는 적외선 센서부, 사람의 음성 명령을 인식하는 음성인식부, 상기 각 구성부의 동작과 정보를 처리하는 중앙처리부 및 중앙처리부에서 받은 정보를 디지털 결과로 출력하는 디스플레이부, 전원을 공급하는 전원부, 중앙처리부와 전원부로부터 받은 전기적 신호와 전력으로 밸브를 조절하여 급수와 단수를 조절하는 유량조절부를 포함할 수 있다.

대표도

공개특허 10-2017-0117009

| (19) 대한민국특허청(KR) | (11) 공개번호 | 10-2017-0117009 |
| (12) 공개특허공보(A) | (43) 공개일자 | 2017년10월20일 |

(51) 국제특허분류(Int. Cl.)
    A61L 2/10 (2006.01) **A61L 2/26** (2006.01)
(52) CPC특허분류
    A61L 2/10 (2013.01)
    A61L 2/26 (2013.01)
(21) 출원번호   10-2017-0126690
(22) 출원일자   2017년09월27일
    심사청구일자   없음

(71) 출원인
    구계민
(72) 발명자
    구계민

    김기환

전체 청구항 수 : 총 7 항

(54) 발명의 명칭 **자외선을 이용한 골프채 소독 장치**

(57) 요 약

본 발명은 골프채 소독장치에 관한 것으로서, 골프채 손잡이의 수용이 가능한 두 개의 케이스부와 케이스부 내부에 구비되어 골프채 손잡이와 접촉하여 움직임을 고정하는 지지부와 케이스부를 힌지 방식으로 여닫을 수 있는 힌지부와 케이스부가 닫힌 상태를 고정하기 위한 고정부와 케이스부 내부에 구비되어 자외선을 방출하는 램프부와 전원을 공급하기 위한 배터리부를 포함할 수 있다.

대 표 도

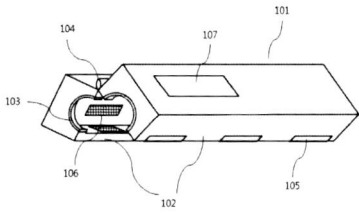

출원번호통지서

관인생략

출원번호통지서

출 원 일 자 2019.02.17
특 기 사 항 심사청구(무) 공개신청(유)
출 원 번 호 10-2019-0018299 (접수번호 1-1-2019-0164573-00)
출 원 인 성 명 구정민(4-2009-005129-8)
발 명 자 성 명 구정민 김기환
발 명 의 명 칭 마스크용 김 서림 방지장치

특 허 청 장

<< 안내 >>

1. 귀하의 출원은 위와 같이 정상적으로 접수되었으며, 이후의 심사 진행상황은 출원번호를 통해 확인하실 수 있습니다.
2. 출원에 따른 수수료는 접수일로부터 다음날까지 동봉된 납입영수증에 성명, 납부자번호 등을 기재하여 가까운 우체국 또는 은행에 납부하여야 합니다.
   ※ 납부자번호 : 0131(기관코드) + 접수번호
3. 귀하의 주소, 연락처 등의 변경사항이 있을 경우, 즉시 [특허고객번호 정보변경(경정), 경정신고서]를 제출하여야 출원 이후의 각종 통지서를 정상적으로 받을 수 있습니다.
   ※ 특허로(patent.go.kr) 접속 > 민원서식다운로드 > 특허법시행규칙 별지 제5호 서식
4. 특허(실용신안등록)출원은 명세서 또는 도면의 보정이 필요한 경우, 등록결정 이전 또는 의견서 제출기간 이내에 출원서에 최초로 첨부된 명세서 또는 도면에 기재된 사항의 범위 안에서 보정할 수 있습니다.
5. 외국으로 출원하고자 하는 경우 PCT 제도(특허 실용신안)나 마드리드 제도(상표)를 이용할 수 있습니다. 국내출원일을 외국에서 인정받고자 하는 경우에는 국내출원일로부터 일정한 기간 이내에 외국에 출원하여야 우선권을 인정받을 수 있습니다.
   ※ 제도 안내 http://www.kipo.go.kr-특허마당-PCT/마드리드
   ※ 우선권 인정기간 : 특허 실용신안은 12개월, 상표 디자인은 6개월이며
   ※ 미국특허상표청의 선출원을 기초로 우리나라에 우선권주장출원 시, 선출원이 미공개상태이면, 우선일로부터 16개월 이내에 미국특허상표청에 [전자적교환허가서(PTO/SB/39)를 제출하거나 우리나라에 우선권 증명서류를 제출하여야 합니다.

| 출원번호통지서 | Page 1 of 4 |

관 인 생 략

출 원 번 호 통 지 서

- **출 원 일 자** 2019.02.07
- **특 기 사 항** 심사청구(무) 공개신청(유)
- **출 원 번 호** 10-2019-0014618 (접수번호 1-1-2019-0130912-44)
- **출 원 인 성 명** 구경인(4-2009-005129-8)
- **발 명 자 성 명** 구경인 김기환
- **발 명 의 명 칭** 안마 기능이 있는 샤워기

특 허 청 장

<< 안내 >>

1. 귀하의 출원은 위와 같이 정상적으로 접수되었으며, 이후의 심사 진행상황은 출원번호를 통해 확인하실 수 있습니다.

2. 출원에 따른 수수료는 접수일로부터 다음날까지 동봉된 납입영수증에 성명, 납부자번호 등을 기재하여 가까운 우체국 또는 은행에 납부하여야 합니다.
    ※ 납부자번호 : 0131(기관코드) + 접수번호

3. 귀하의 주소, 연락처 등의 변경사항이 있을 경우, 즉시 [특허고객번호 정보변경(경정), 정정신고서]를 제출하여 출원 이후의 각종 통지서를 정상적으로 받을 수 있습니다.
    ※ 특허로(patent.go.kr) 접속 > 민원서식다운로드 > 특허법 시행규칙 별지 제5호 서식

4. 특허(실용신안등록)출원은 명세서 또는 도면의 보정이 필요한 경우, 등록결정 이전 또는 의견서 제출기간 이내에 출원서에 최초로 첨부된 명세서 또는 도면에 기재된 사항의 범위 안에서 보정할 수 있습니다.

5. 외국으로 출원하고자 하는 경우 PCT 제도(특허·실용신안)나 마드리드 제도 (상표)를 이용할 수 있으며, 국내출원일을 외국에서 인정받고자 하는 경우에는 국내출원일로부터 일정한 기간 내에 외국에 출원하여야 우선권을 인정받을 수 있습니다.
    ※ 제도 안내 : http://www.kipo.go.kr-특허마당-PCT/마드리드
    ※ 우선권 인정기간 : 특허·실용신안은 12개월, 상표·디자인은 6개월 이내
    ※ 미국특허상표청의 선출원을 기초로 우리나라에 우선권주장을 한 시, 선출원이 미공개상태이면, 우선일로부터 16개월 이내에 미국특허상표청이 [전자적교환허가서(PTO/SB/39)를 제출하거나 우리나라에 우선권 증명서류를 제출하여야 합니다.

출원번호통지서

관인생략

출원번호통지서

출 원 일 자 2019.02.04
특 기 사 항 심사청구(무) 공개신청(유)
출 원 번 호 10-2019-0014173 (접수번호 1-1-2019-0124940-26)
출원인 성명 구정민(4-2009-005129-8)
발명자 성명 구정민 김기환
발명의 명칭 쓰레기 압축 장치

특 허 청 장

<< 안내 >>

1. 귀하의 출원은 위와 같이 정상적으로 접수되었으며, 이후의 심사 진행상황은 출원번호를 통해 확인하실 수 있습니다.
2. 출원에 따른 수수료는 접수일로부터 다음날까지 동봉된 납입영수증에 성명, 납부자번호 등을 기재하여 가까운 우체국 또는 은행에 납부하여야 합니다.
   ※ 납부자번호 : 0131(기관코드) + 접수번호
3. 귀하의 주소, 연락처 등의 변경사항이 있을 경우, 즉시 [특허고객번호 정보변경(경정), 정정신고서]를 제출하여야 출원 이후의 각종 통지서를 정상적으로 받을 수 있습니다.
   ※ 특허로(patent.go.kr) 접속 > 민원서식다운로드 > 특허법 시행규칙 별지 5호 서식
4. 특허(실용신안등록)출원은 명세서 또는 도면의 보정이 필요한 경우, 등록결정 이전 또는 의견서 제출기간 이내에 출원서에 최초로 첨부된 명세서 또는 도면에 기재된 사항의 범위 안에서 보정할 수 있습니다.
5. 외국으로 출원하고자 하는 경우 PCT 제도(특허 실용신안)나 마드리드 제도(상표)를 이용할 수 있습니다. 국내출원일을 외국에서 인정받고자 하는 경우에는 국내출원일로부터 일정한 기간 내에 외국에 출원하여야 우선권을 인정받을 수 있습니다.
   ※ 제도 안내 http://www.kipo.go.kr-특허마당-PCT/마드리드
   ※ 우선권 인정기간 : 특허 실용신안은 12개월, 상표 디자인은 6개월 이내
   ※ 미국특허상표청의 선출원을 기초로 우리나라에 우선권주장출원 시, 선출원이 미공개상태이면, 우선일로부터 16개월 이내에 미국특허상표청에 [전자적교환허가서(PTO/SB/39)]를 제출하거나 우리나라에 우선권 증명서류를 제출하여야 합니다.